富岡悠希
Yuki Tomioka

妻が怖くて仕方ない

DV、借金、教育方針、現代夫婦の沼に迫る

ポプラ新書
228

はじめに——結婚10年目、救急車で運ばれたあの夜

「左肩脱臼の男性患者ひとり、救急受け入れ可能ですか？　どうぞ」

痛みとショックでほとんど働いていない脳みそに、救急隊員の言葉がおぼろげに入ってきた。冷静な男性の声音に頼もしさを感じる。

「混んでいますか。分かりました。他を当たりますね」

２０２０年9月8日午後10時45分、僕は救急車内にいた。場所は自宅の真ん前。着古した白い肌着と短パン姿で、体はストレッチャーの上だ。車内はエアコンで肌寒かったことから、下半身には黄色い毛布を掛けてもらった。

運転席の救急隊員は、搬送先の病院を探していた。その間、もうひとりの救急隊員が僕の右手に陣取る。こちらも男性だった。優しい声音が、初めて救急車に乗ることになった不安感をいくぶんか和らげてくれた。

「体の記録を取っていきます。ちょっと指借りるね」

コードが伸びる機器で指を挟まれた。「ピッ、ピッ、ピッ」という音が響き始めた車内で、男性が症状の確認に入る。頭は混乱していたが、質問に答えないといけない。

「こうやって左肩が抜けちゃったのは、久しぶり？」「かなり久しぶりです」

「何年ぶりぐらいかな？」「もう記憶にないぶりぐらいです」

「左肩以外に痛いところはないですか？」「ないです」

「引っ搔かれたとか叩かれたとかはない？」「それもないです」

こんな状況下で故意にウソをつくほど、僕は大物ではない。しかし、最後の質問の答えを間違えた。翌朝、体を確認すると、左右の腕に長さ2、3センチほどの引っ搔き傷があった。さらに、右ひざには直径2センチ大の擦り傷も。救急車に乗るという非日常の興奮で、左肩以外の痛みまで気が回らなかった。

名前や職業を答えているうちに、運転席の救急隊員が搬送先を見つけた。

「お待たせしました。これから大協病院（仮名）に行きます」

初めて聞く病院名だったので、住所を尋ねた。ありがたいことに、さほど遠方ではない。午後11時過ぎ、救急車は自宅前を出発した。「ピーポー、ピーポー」。あのおなじみのサイレンは、車内にいてもよく聞こえた。そこに「ピッ、ピッ、ピッ」の音が重なる。

　走り始めてしばらくすると、僕は冷静さを取り戻してきた。そして、自問を始めた。

「どうして、こんなことになってしまったのか」

*

　僕はネット媒体を中心に執筆活動をするジャーナリストだ。この日は朝から神奈川県小田原市にある企業の取材に出かけた。帰宅する午後9時半までは、よくある取材日の一日だった。しかし、リビングに置かれたテレビ台をめぐり、夫婦喧嘩が勃発。悪いことに、単なる口論では収まらなかった。

　大型テレビを導入するかどうかは、妻・美和（仮名）と久しく話し合ってきた。きちんとふたりで結論を出す前に、妻が勝手にテレビとテレビ台を購入し、先行してテレビ台が届いた。強行突破に出た妻を問いただすと、こじれ始める。

　激高した妻が「ケーサツ呼ぶ！」と、ガラケーで110番通報を始めた。もちろん、警察に来てもらうような暴力行為は起きていない。「おかしいでしょ、やめなよ」。こう言いながら伸ばした僕の左手を、彼女は力任せに自分の手で弾いた。妻は高校時代、バレーボール部のエース。

「ボコッ」

鈍い音を立てて、僕の左肩が脱臼した。その場にもんどり打って倒れる。

「腕が、腕が」。うめく僕を見て、妻はつながった警察に救急車の出動を頼んだ。しばらくすると、男性警察官ふたりが先着する。彼女と玄関で迎えると、「一緒にいないほうがいいので、それぞれ話を聞いていきましょうか」と引き離された。

彼らは僕が妻に暴力を振るった前提で、我が家に急行していた。そのため、「奥さんに手を出してない？」と繰り返し聞いてきた。むしろ、僕が被害者であることを伝えると、戸惑うぐらいだ。救急隊員が到着すると、僕の治療を優先するため事情聴取を一度、打ち切った。そして、僕は救急車に運び込まれた。

「左に曲がります。ご注意ください」

進行方向を他の車両や歩行者などに伝えるアナウンスが流れる。車の傾きを感じつつ、自分の結婚生活に思いをはせた。

２０１１年6月に婚姻届を提出してから結婚10年目。もちろん、政略結婚だとか許嫁《いいなずけ》で仕方なくではない。お互いに惹かれ合っての恋愛結婚だ。神前、人前で生涯の愛を誓い合った。それなのに、だ。

赤の他人が紙切れ一枚で、共同生活を始めている。それが結婚生活だとは分かっている。大小のすれ違い、摩擦、衝突が起きるのは仕方がない。それにしても、だ。

「犬も食わない」夫婦喧嘩の結果、救急車で病院とは――。

結婚式は「人生最良の日」とよく言われる。僕の場合は、その結婚が「人生最悪の日」も運んできた。ドラマだと主人公の男性は、涙を流す場面だろう。僕は絶望が深すぎたのか、一滴の涙も出なかった。

＊

読者の皆様、ごめんなさい。いきなり、衝撃的な出来事を記述して驚かせてしまいましたね。謝ります。

この「救急車事件」だけに焦点を当てると、なんとも異常で残念な結婚生活になります。しかし、ごくごく普通で穏やかな時期もあったのです。

ここで、僕ら富岡夫婦の歩みを簡単に紹介します（名前は全て仮名）。

２０１０年夏　東京・赤坂の合コンで知り合う。僕の猛アタックで8月から交際

スタート

２０１１年夏　グアム旅行、ホテルでのプロポーズを経て入籍
　同年冬　挙式・披露宴、新婚旅行は海外リゾート地へ
２０１２年秋　長男・悠馬誕生
２０１２年12月　７７００万円の住宅ローンを組み、現自宅に引っ越す
２０１４年夏　長女・美希誕生
２０１６年夏　次女・美穂誕生
２０１９年５月　妻が借金８００万円を作っていたことが発覚
２０２０年９月　救急車事件勃発

ここで少し、昔話をさせてください。僕と妻との出会いについてです。

合コン会場は、赤坂の中華料理店でした。僕はそこで初めて彼女を見た瞬間、全身に電気が走りました。その昔、歌手の松田聖子さんが残した名言があります。結婚相手となった歯科医と初めて会った瞬間、「ビビビッときた」。スポーツ紙は、「『ビビビ』婚」と見出しにしたものです。僕も聖子ちゃんと同じ瞬間を迎えました。

妻は僕よりも10歳下。20代半ばだった彼女が着ていたのは、就活用のリクルートスーツでした。地味な格好なのに、店にいたどの女性よりも輝いていました。今でも脳内に当時の彼女の姿を再現することができます。

妻も、僕のことをちゃんと好きだったはずです。披露宴の時、友人が「嫁入新聞」なるものを制作、配布しました。僕の「好きなところ」を聞かれ、次のように答えています。

「私のことをいつも第一に気遣ってくれる優しさがいい。あと安心感。彼はいろいろなことをこまめに調べてくれるし、旅行なんかの計画が大好きだから、安心するの。そして歩くことを厭わないところも」

この言葉からは妻の愛情を感じます。と同時に「直して欲しいところ」の質問に、彼女はこう言っています。

「文句や小言が多い。私の行動にいちいち理由を聞いてきたりもするし、たまに『めんどうくさい』って思う」

これを読んでも当時の僕は、なんの引っ掛かりも抱きませんでした。披露宴の列席者も「おのろけの一種」と流したことでしょう。

しかし、現実は残酷です。新婚ラブラブの時期を経て、結婚生活は日常の積み重ねになります。さらに3人以上の子宝に恵まれる「多子世帯」となってからは、超目まぐるしい日々。その中で、妻は「たまに」を越して、日常的に僕の言動を「めんどうくさい」と捉えるようになります。

ストレスを抱えた彼女と僕は、やがて対立するようになります。最も大きなトラブル、夫婦間の「沼」になったのは、次の4つ。借金問題、教育方針の違い、暴力（いわゆるDV）、そしてシカト（コミュニケーション不全）です。

いやはや、10年超の月日はなんとも劇的な変化をもたらしています。これだけのことがあったのだから、離婚を全く考えないわけではありません。それでも、沼地に足を取られながらも、僕はいまだ「なんとかできる」と考えています。

その根底には、妻への愛情があります。確かに救急車事件の強烈アタックからしばらくは、妻が「怖くて仕方ない」時期がありました。それでも、時間の経過と共に、妻との関係修復を望む自分に気がつくのです。「不仲なままじゃイヤ！」となります。

＊

「あらゆる人智の中で結婚に関する知識が一番遅れている」

19世紀のフランスを代表する文豪バルザックが残した言葉です。彼が生きた時代から二つの世紀をまたぎました。21世紀の今は、インターネットで全地球がつながり、宇宙旅行も可能です。

しかし、我ら人類は科学技術の発展ほど、「結婚技術」を向上させられていません。日本国内のデータでは、２０２０年に結婚した52万５５０７組に対し、離婚は19万３２５３組（人口動態統計）。同じ年に生じた離婚数を婚姻数で割ったものを「特殊離婚率」と言います。20年だと36・８％。時にメディアで言われるように、夫婦となっても「３組に１組は離婚する」現実があります。

離婚しない残り３分の２についても、当然、みんなが離婚と縁遠いわけではありません。

現・明治安田総合研究所の「人生１００年時代の結婚に関する意識と実態」（２０１８年）では、40～64歳の既婚者に「離婚を考えたことがあるか」と聞いています。男女や夫婦の就労状況、子どもの有無で回答はばらつきます。それでもあえて、まとめると、「（離婚を）考えたことはない」に対し、「（離婚を）以前考えたことがあるが今は考えていない」「ときどき考えることがある」「今考えている」は、３分の１から

3分の2を占めます。

要は「自分の結婚にはずっとなんの問題もない」と胸を張って言えるのは、多く見積もっても世の夫婦全体の4割強（算出式＝夫婦全体のうち離婚しないのは3分の2×そのうち「離婚を考えたことのない」層はさらに3分の2）。少なければ2割ぐらい（×後ろが3分の1）しかいないかもしれません。

*

本書では、僕自身が悩み、多くの既婚者がモヤモヤしている夫婦問題に切り込みます。現在、40代半ばの僕らは、専業主婦世帯が大半の家庭環境で育ちました。しかし、今では僕自身も含めて共働き家庭が一般的です。こうした女性の社会進出に加え、「家」の存在が薄れ「個」が尊重される中、結婚の意味合いも変化しています。

他方、僕ら世代の夫たちには「昭和型」の価値観が色濃く残ります。妻や家族を引っ張りたいという「夫バイアス」から完全に自由ではありません。こうした変化と縛りが、結婚を難しくしています。

自らの体験を省みつつ、データを読み解きながら現場を歩き、お金のこと、教育について、DV防止についてなど、それぞれエキスパートの方に話を聞きます。そして、

2020年代半ばの今にふさわしい、「令和型」の結婚像、夫婦像を改めて考えていくつもりです。

離婚未満の夫婦、配偶者との関係に少しでも不安を覚える男女、そうはいっても結婚に興味のある方は、ぜひ手に取ってみてください。

なお、本書では法的に拘束される男女の結婚について記します。僕の結婚がこのケースだからです。僕個人としては、同性婚、事実婚も含め、多様な結婚様式がもっと法的に認められるべきと考えています。

妻が怖くて仕方ない／目次

はじめに――結婚10年目、救急車で運ばれたあの夜　3
第1章　借金800万円の発覚、そして
――弱者夫の僕はなぜ立ち上がれないのか　19
第2章　日本の夫婦の現状とは
――政府研究会の最新データを読み解く　41
第3章　さっそく「仮面夫婦沼」
――既婚者合コンに行ってみた　65
第4章　「借金沼」からの脱出方法は
――「家計再生コンサルタント」に聞く　85

第5章　子どもの将来も食い違う「教育方針沼」　107
――評論家は「むしろ幸運」と言うが

第6章　増える妻から夫への「暴力沼」　133
――加害者更生プログラム主催者に聞く

第7章　「あんたの存在を認めない」という「シカト沼」　155
――カリスマ和尚が諭す夫婦の「ご縁」とは

第8章　夫婦関係によく効く薬はあるのか　173
――国際政治学者・三浦瑠麗さんとの対談

おわりに　201

第1章

借金800万円の発覚、そして

——弱者夫の僕はなぜ立ち上がれないのか

クレジットカードに覚えのない支出

２０１9年5月上旬、僕は自宅書斎で百貨店系クレジットカードの使用明細書の封を開けた。時間は午前10時頃。急ぎの仕事がなかったので、午前中は雑用にあてていた。このカードはクレカのサブ。主に伊勢丹新宿店で「ヴァンクリ」を買う際に使っていた。正式名称は「ヴァン クリーフ&アーペル」。妻・美和にこの仏高級ブランドの婚約指輪をかなり奮発して渡したのだ。結婚指輪もここにしたし、僕の両親も結婚祝いとして彼女にここの時計を贈っていた。

婚約・結婚指輪と時計の3点があると、もっと揃えてあげたくなった。我ながらほほえましい。18年冬までは、彼女の誕生日とクリスマスの年2回、お店を訪問した。高価なため毎回の購入は無理だったが、ブレスレットなどを少しずつ追加した。

この日届いた明細書の実際の支出は3月。カードを使った記憶はないから、明細はすぐに捨てるつもりだった。ところが予想に反し、手元のリストには身に覚えのない利用店名や金額がずらり。合計16万６４６８円分もあった。

「しまった。カードの不正使用だ」

真っ先に浮かんだのは、犯罪への巻き込まれだった。まずはカード会社に電話連絡し、使えないようにしなければ。不正使用だと分かれば、お金は戻ってくるはず。

電話連絡のためにカードの裏の記載を確かめようと、いつもクレカを置いてある書斎机の引き出しを開けてみた。あさってみたが、カードがない。他の引き出しを捜索しても、見つからなかった。

「どこかに落としたカードを使われたのか」

疑念が膨らんだ。この時まで、妻は頼れる、信じられる存在だった。焦った僕は慌ててＬＩＮＥ電話をかけた。しかし、この通話は「パンドラの箱」を開け、「不都合な真実」を知る悪夢のような時間となる。


「あなたのカードで私が買い物をした」


「もしもし、今ちょっといい？」

切羽詰まった僕の声で、妻はただならぬ事態だと理解したようだ。平日のため彼女は職場だったが、話ができる場所に移動してくれた。

「百貨店カードの使用明細が届いたのだけど、知らない支出があるんだよ。カードを探しても手元にないし。不正利用されていたら困るから、今から手続きをする。困って焦っちゃって。それで電話したんだ」

こうまくしたてる僕に対し、電話越しの妻は黙ったままだった。

「警察にも電話しないといけないかもしれない。何かの犯罪に巻き込まれていたら、嫌だし。全然知らない店での買い物なんだよ。しかも、16万円6468円分も。クレカの不正使用は、犯罪だと分かればカード会社が止めてくれるはずだよね」

「それ」

ここまで話を聞くと、妻は口を開いた。

「それ、私が使った。私が使った分だから、警察やカード会社に電話しないで」

予想だにしない言葉が返ってきて、僕は混乱した。

「ちょっ、ちょっと待って。何それ。何言っているの?」

はっきり告げないと、僕が現実を受け入れられないと判断したのだろう。彼女は前よりも強い口調になった。

「だから、悠希さんの百貨店カードを使って、私が買い物をしたの。不正使用でも何でもないから。お金がなくて、私が使ったの」

「買い物依存症みたいになっちゃった」

明細書に身に覚えのない支出がある原因は分かった。しかし、これで一件落着とはいかない。最低限確かめておきたいことが、二つ浮かんだ。

「でもさ、そんな勝手に使われたら困るよね。僕は住宅ローンを毎月20万円返しているから、そんなにお金に余裕ないし。今回の支出以外にもあるの？」

一つ目の質問に、妻は素直にすぐに答えた。

「その後は使っていないから、ないよ」

少し安心して、二つ目の質問に移った。

「カードはどこにあるのかな？　こんな風に使われたら困るから、すぐに返して欲しいのだけど」

今度は歯切れが悪かった。

「今も私が手元に持っている。悠希さんが困るのも、勝手に使って欲しくないのも分かる。だけど、私はクレジットカードを持ってないから、このカードが必要なの。カードでしか買い物できない時もあるから。だから、カードを使わせてもらいたい」

突っ込みどころ満載だった。「クレジットカードを持っていない」とは、何なのか？

これまで買い物や食事時に使っていた彼女のクレカはどこへ行ったのか。1時間近い長電話になったのは、この疑問を解消する必要があったからだ。

ここまで、妻の口調は決して重くはなかった。勝手に使ったことがバレることは予見していたに違いない。素直に16万円超の使用を打ち明けた。

しかし、彼女は頑なにその理由を明かそうとしなかった。何か「不都合な真実」を抱えていることは明らかだ。僕だって「パンドラの箱」は開けたくないが、スマホを持つ手に力を込め、言葉を続けた。

「カードを持っていないとは、どういうこと？　以前は使っていたじゃない」

「僕は美和ちゃんのことを信頼して、結婚生活を続けてきたよ。美和ちゃんだって、僕のことを信頼してくれてもいいんじゃないかな。できることは力になるよ」

最後に発した「力になる」の一言が、彼女の心をつかむ。「言いたくない」「言えない」「話せない」「聞かないで」。通話中、こう繰り返してきた態度が一変した。そして、告白し始めると一気だった。

「美穂ちゃん（次女）をこっち（東京）の病院で産んだじゃない。実家に戻って出産した時と違って、お義母《かあ》さん（僕の母）が何もしてくれなかった。悠希さんには言えなかったけど、入院中すごいストレスだったの」

「家に戻ってから、そのストレスもあってネットで買い物をし始めて。結婚してから、私なりにずっと我慢してた。その分、一度欲しいものを手に入れると、どんどん止まらなくなっちゃって。そのうち買い物依存症みたいになっちゃったの」

最初は一括払いをしていたが、次第に回らなくなってリボ払いに手を出す。それも無理になると、次々と別のカードを頼った。1年半か2年ほど、こうした行為を繰り返し、雪だるま式に借金を増やす。ついに、自分ひとりでの対応に音《ね》を上げた。弁護士を立てての債務整理を実施したという。

一時しのぎになったが、クレカは持てず、新しく作ることもできない。ネットでしか買えない子ども用品があり、僕のカードを無断使用した。そして、それが露見した。

金利0・775％vs15％

僕は2011年に自宅購入のため7700万円の住宅ローンを組んだ。利率0・775％で期間は35年。ギリギリまで銀行から借りた。そして、翌年末に引っ越して住み始めたが、この通話をしている19年5月時点では、数千万円の支払いが残っていた。

将来を見越すと、1万円でも2万円でも繰り上げ返済するのが得策だ。そのため当月の支出が少なかった時、収入が多かった時は、すかさず手続きをした。

妻が手を出したリボ払いには、毎月の返済額を一定にできるメリットはある。ただし、金利手数料がかかり、支払い総額は結局のところ大きくなる。その一般的な金利は実質年率15％とされる。1％を切る金利でも、その支払い分を少なくしたいと、僕は地道に繰り上げ返済をしてきた。なのに、彼女は15％の金利でじゃぶじゃぶと買い物をしていたのだ。

僕はジャーナリストとしての駆け出し時期に、多重債務問題をかなり取材した。キャッシングとリボは、クレジットカードの二大落とし穴だ。「これには手を出さない」。僕はそう誓って守ってきたが、まさか妻がはまる、とは……。

借金は800万円

展開の意外さと早さについていけなくなりそうだが、黙り込むわけにはいかない。妻は「債務整理をしてもらった」と言った。自己破産ではないので、借金は残っている。彼女が背負っている借金の総額を知る必要があった。

こと、この状況下でも、打ち明けたがらない妻に、僕は繰り返した。

「さっきも言ったけど、できる限り力になりたいよ。縁があって、好かれ合って夫婦になった。子どもにも恵まれた。幸せを一緒に作ってくれた妻である美和ちゃんを、このまま放っておける？　同じ屋根の下にいて、毎日顔を合わせるのに」

僕が言葉を重ねると、妻の明かさないとする決心が揺らいできた。「本当に力になってくれる？」「信じていいの？」。彼女が問うてきた。僕は「力になるつもりだよ」「信じてよ」と返す。「あの、あのね」。それでも彼女は口ごもった。さらに一呼吸分の間合いを取ると、彼女はついに金額を打ち明けた。

「800万円。800万円なの」

「へっ、えっ、へ～っ」

僕は期せずして、素っ頓狂な声を発していた。債務整理に追い込まれているのだから、数十万円では済まないことは覚悟していた。100万円ぐらいだろうか。妻に打ち明けるように促しつつ、僕も脳内でソロバンを弾いていた。予想はあっさりと、実に8倍の額で飛び越された。

「本当に800万円なの？」

「そう」

答えた妻は涙声で、時折、鼻をすすりながら続けた。

「自分でも、どうしてこんな高額になったのか分からないの。やっぱり買い物依存症になっていたとしか思えない。買い物するたびに、悠希さんにも子どもにも『申し訳ない』とお詫びしていたよ。買い物しても、楽しくなかった。苦しかったよ」

「きっと責められるだろうから、死ぬまでひとりの秘密にするつもりだった」

「債務整理をしてもらえたから、5年ぐらいかけて自分のお給料から払うつもりでいた。悠希さんの百貨店カードは他に手段がなくて使ったけど、このことは打ち明けるつもりはなかった。隠し通せると思っていたの」

買い物に使ったのは1000万円以上

「パンドラの箱」から飛び出してきた「不都合な真実」は、借金800万円というバケモノだった。妻曰く、買い物に使った金額は合計1000万円以上。しかし、本当にいくらなのかは、「弁護士に任せたから、よく分からない」。

つい先ほどまでは、美和が僕のクレカで使った16万6468円について、彼女とやりとりしていた。住宅ローンを抱え、財布のひもを固くしている僕には、16万6468円だって大金だ。しかし、妻はその60倍のお金を買い物につぎ込み、800万円の借金を残していた。高級バッグや洋服、アクセサリー類は、我が家のどこにも転がっていない。それだけに、彼女の告白は僕を混乱させた。

「美和ちゃん、分かった。大変だったんだね。ちょっと、今すぐどうにかできる話じゃないから、ちゃんと会って話そうよ」

僕の言葉に、妻はこう切り返してきた。

「『力になる』と言ってもらえて嬉しかった。ずっと内緒にするつもりだったけど、打ち明けられてよかった。もうしないから。それだけは信じてね」

事実を聞き出す際に、僕は確かに「力になる」と言った。この一言がなかったら、妻はきっと借金800万円のことは打ち明けなかっただろう。事実を知るためには役立った。しかし、「力になる」発言は、この後の僕を大いに縛ることになる。

妻の金銭感覚への疑念

借金にまで至らずとも、夫婦間で金銭問題が浮上することは珍しくない。例えば、共働き夫婦などを応援するメディア「マイナビ子育て」が、22年4月に実施したアンケート。「夫婦間でお金の問題に直面したことがありますか？」と500人に聞いている。その答えは「はい」が約66％で、約34％となった「いいえ」の倍近い。

ここで11年夏に入籍した富岡家の家計状況を整理したい。現在に至るまでずっと共働き。僕はジャーナリスト、10歳ほど年下の妻は公務員をしている。収入が高く、年齢差もあることから、支出は僕が圧倒的に担ってきた。住宅ローン、固定資産税などの家の税金、光熱費、水道代、子どもの教育費。さらに電化製品類、たまの旅行なども、僕が持っていた。

妻は20代半ばで結婚して、産休・育休を立て続けに取っている。限られた収入のため彼女が分担するのは、自分のお小遣いと子どもの食費や洋服類などとした。

僕は妻が自分のお給料で、やりくりできていると信じていた。上手に節約をしている、と。普段我慢しているのだから、誕生日とクリスマスぐらいは、「ヴァンクリ」を買ってあげようと、新宿伊勢丹に足を運んだ。しかし、彼女は財布のひもが緩いどころか、あろうことか借金に走っていた。

過去、妻の金銭感覚に疑念を抱いたことはあった。彼女は僕と結婚式を挙げる前、母親とふたりでパリを中心とした仏旅行に出かけている。昔からあこがれていた地に、ちょうど実弟がいた。母親と水入らずの時間を過ごし、親孝行したいと企画した。

しかし、彼女にはこの旅行代金を賄うお金がなかった。「旅費はどうするの？」。そう聞いても最初は黙っていたが、何度か聞くと給与を前借りするつもりであることを明かした。そんなことをすれば旅行が終わった後、月々のやりくりが苦しくなる。僕は前借りをやめさせ、旅行に必要な金額を返済不要で渡した。

「借金、前借りはよくない行為だよ。癖になるし、後々の自分を苦しめることにもなるから」。当時、こう注意を促した記憶がある。

借金の理由は、僕の家事不足？

さて、妻の借金をどうするか？　先の電話後、僕らは対面やＬＩＮＥで話し合いを重ねた。僕は①いくら何に使っての借金かの状況整理、②家計簿をつけての支出管理への切り替え、が必要と考えた。しかし、美和は①②共乗り気でなかった。

彼女にも借金自体は間違ったことだとの思いはあった。電話で涙声になったぐらいだし、ＬＩＮＥでも「本当に間違っていました」と送ってきた。

ただし、借金に走ることになった原因が自分自身にあるとは考えなかった。彼女はあくまで自分が被害者との認識を崩さない。原因は自分でなく、育児ストレスや僕にあると言い張った。

僕はできる育児はやっていたつもりだったが、妻からすると0点だった。LINEで彼女は僕に「お風呂も子どもと一度も入らず」と送ってきたことがある。もちろん、事実と違う。かなりの回数をやっているが、彼女の中ではそうなっている。

子どもと過ごすトータルの時間は、世のイクメンに比すると少ないかもしれない。ジャーナリストは労働集約型のため、仕事時間が長くなりがちだ。言い訳するつもりはない。至らない分、原則週2回、ベビーシッターを2、3時間ずつお願いしている。また、子どもを連れての旅行に行ったし、勉強の面倒を見たこともある。胸を張って、「合格点だよね」と彼女に言うつもりはない。それでも、落第となる赤点をぎりぎりクリアできる水準のつもりでいた。

ところが、妻の受け止めは違っていた。彼女は「ワンオペ育児を強いられている」と捉えていた。「まずまず平和な家庭」と認識する夫と、同じ屋根の下で真逆な妻。彼女がある時、寄こしたLINEにはこうあった。

「私には人間の尊厳はありません」

ここまでこじれた感情を持たれると、話し合いは難しい。2週間ほど進展がなかった。そのタイミングで義母が突然、電話を寄こし、次のように迫った。

「悠希さん、『力になる』と美和に言ったならば助けてくれなきゃ」

義母とまで喧嘩したくなかった僕は、折れることに決めた。6月中下旬に妻の口座に800万円を振り込んだのだ。

自分たちで落としどころを見つけられなかったことは、明らかに失敗だった。トコトン話し合い、僕ら夫婦のずれの原因を突き詰めるべきだった。そうできず、僕は美和への不信感を残すことになる。彼女も、僕との向き合い方を軌道修正する機会を失った。このことが救急車事件に代表される「暴力沼」、子どものしつけ、学習指導などでもめる「教育方針沼」などが生じる遠因となった。

多くの夫婦がコロナ危機へ

19年5月に発覚したこの「借金800万円問題」は、僕の結婚生活を根底から揺さぶった。住宅購入時にも手放さなかったインド株投資信託を解約し、子どもの教育費への大きな備えを失っただけでない。心底信頼していた妻が、僕をいとも簡単に騙せることを知ってしまった。

20年に入ると新型コロナウイルスによる、コロナ禍が本格化する。やれ緊急事態宣言だ、やれワクチン接種だと日本社会には大混乱が生じた。その余波は、全国の家庭にも押し寄せる。

Twitterでは、「#コロナ離婚」が盛り上がりを見せた。東京都が「STAY HOME」(ウチで過ごそう)を呼びかけた20年4月25日以降、特に顕著となる。当時、次のような文言を目にしたものだ。

「オットのせいで頭痛がひどい」

「コロナを機に旦那のクソ度合いが顕著化している」

「在宅勤務になり、妻と過ごす時間が長くなった。嫌な面がめちゃくちゃ目につくようになった」

「ウッカリ近づくと『三密〜っ!』とIKKOさんの真似する妻にイラっとする」

多くの夫婦がコロナ危機に直面していた。

この夫婦の危機をもっと分解していこう。

法務省が出している「協議離婚に関する実態調査」（20年度）を参照する。次章で詳述するが、夫婦の破たん原因の第1位は「性格の不一致」。ダントツだ。

離婚前段としての夫婦の危機でも、もちろん性格の不一致は大きなウエイトとなろう。ただし、もっと深掘りすると、お金、しつけを含む教育方針、肉体的・精神的DVの問題に突き当たる。我が家のみで生じていることではないことは、各種アンケートを参照しながら示していく。そして、本書では章ごとにこれらの問題に精通する専門家へのインタビューを紹介する。

弱者夫とマメ夫とダメ夫

この章を終わるにあたり、章タイトルに入れた「弱者夫」について触れたい。この「弱者夫」なる言葉は、僕の造語。21年、ネット上で一部男性が次のように主張し、「弱者男性」論が巻き起こった。「男はこれまで、社会的にはマジョリティーで、権力者で、強者であるとされてきた。しかし、統計を見れば女より自殺率が高いし、ホームレスの割合でも圧倒しているし、実はか弱い存在なのだ」、と。

ここで社会から一度離れ、家庭状況を見てみよう。

21年6月、作曲家の小林亜星さんが同年5月末に88歳で亡くなっていたことがニュースとして流れた。小林さんは、70年代にTBS系ドラマ「寺内貫太郎一家」に主演。一世を風靡したと紹介された。

その際、当時のドラマ映像も流れた。ちゃぶ台や障子を破壊し、怒鳴り声をあげる。この演技は「体当たり」と評価されていたが、今ではもう成り立たない「頑固オヤジ」像だ。モラハラ夫と非難が殺到し、ドラマ打ち切りとなるに違いない。

現在の頑固オヤジは、非暴力に徹し、キュートでないと受け入れられない。22年に放送されたフジテレビ系ドラマ「おいハンサム!!」が代表例。主役の「ハンサム」オヤジ・吉田鋼太郎さんは会社では、ビシッとしたリーダーだ。しかし、家庭では妻と3人の娘に翻弄されまくる。こうでないとダメな時代になっている。

別の例を出そう。99年に設立された「全国亭主関白協会」なる団体がある。そのサイトでは、「亭主関白」をこう位置付ける。

「関白とは、天皇に次ぐ2番目の位。家庭内ではカミさんが天皇であるから、『関白』とは奥様を補佐する役目。また、『亭主』とは、お茶を振る舞う人、もてなす人という意味」「真の『亭主関白』とは、妻をチヤホヤともてなし補佐する役目である」

夫が家庭内で主導権を握る「亭主関白」が、180度引っくり返っている。そして、この位置付けのほうが支持される。

さらに突っ込んでいくと、僕が「弱者夫」を自称するのは、何も妻の腕力に恐怖を覚えていることだけが理由ではない。「女の時代」が来ている中、夫たちは自らを「弱者夫」と認識し、夫婦像を捉え直す必要性を感じるからだ。

僕ら夫婦は、上品な表現で記すと、「マメ夫vs大らか妻」のペアだ。少々、きつい表現では「神経質夫vsズボラ妻」。僕は両表現の間ぐらいと感じるが、次章以降を読んだ、皆さんの判断はどうなるだろうか。

一つ具体的な僕のマメぶりを記す。書籍の執筆では随時、担当編集者との打ち合わせが入る。22年3月中旬、千代田区にあるポプラ社で午前10時から、原稿前半部分に関する相談をした。

実はその前、僕は家で「ひと仕事」をこなしてから臨んでいる。午前7時半頃に起床。自分で作った朝食を素早く食べて、後片付け。妻子が外出した後、家事に乗り出す。前の晩の洗濯物を洗濯乾燥機から取り出し、手早くたたむ。本日分の洗濯も忘れず、スイッチオン。お掃除ロボット（愛称「ジョン」）を稼働させるべく、椅子類をダイニングテーブル上へ。最後にジョンの「CLEAN」ボタンを押して、電車に飛び乗った。

我が家は僕のこうした地道な下支えの上で日常生活が維持されている。共働きで多子世帯ならば、家事をしない夫など考えられない。乱れに気づくから、快適な空間で暮らしたいから僕は手を動かすのだが、妻はうがった目で捉えがちだ。「私のあら捜しをしている」。彼女が自己評価を下げ、ストレスを抱える一因となっている。

妻からすると、僕は「マメ夫」でなく「ダメ夫」なのだ。子どもたちは、まだ幼いこともあり、僕を慕ってくれている。しかし、妻に感化され「ダメ父」と認識するのも時間の問題かもしれない。

夫の急落、妻の急上昇

僕がそう危機感を抱くのには理由がある。Google検索で「子ども　父親」と入力して欲しい。すると、この2語へのオートコンプリート(自動補完)で出る言葉には、「嫌がる」が上位に来るはずだ。検索結果で出てくるその情報には、こうある。夫婦関係の悪さは、「パパ嫌い」に結び付きやすい、と。妻子連合vs夫の構図にしたら、夫にはまず勝ち目はない。子あり家庭では、妻と対立したら夫は居場所を失う。

昭和の一時期までは、家庭内で頑固オヤジが存在し、亭主関白が許されていた。先に言及した「寺内貫太郎一家」がうけたことが証左だ。この頃は社会では、圧倒的に男性がマジョリティーで権力を握っていた。

時は移ろい、令和の今は、ジェンダー平等が当然の前提だ。僕も全面的に支持する。今後、昭和型の頑固オヤジや亭主関白が、トレンドに返り咲くことはもはやない。「全国亭主関白協会」のほうに明らかに分がある。

社会や個人の意識を反映し、もはや夫は家庭で「力」を失いつつあることを示すデータもある。博報堂生活総合研究所は88年から10年ごとに、サラリーマン世帯の夫婦にアンケートによる「家族調査」を実施している。その中で「家庭の総合的な決定権」をどちらが持つか聞いている。88年に夫72・4％、妻10・1％だったのが、18年には夫38・7％、妻30・3％となる。夫の急落、妻の急上昇ぶりからすると、次の28年調査では逆転していそうだ。

こうした流れを踏まえると、僕はやはり「弱者夫」を自認する。そして、残念ではあるが、現時点では弱者からの挽回策が分からない。そのため、どうにも立ち上がれずにいる。

人生100年時代とすると、僕の結婚生活はまだ半世紀以上もある。このままでは、切なすぎる。どうにか弱者夫から脱却し、普通の夫の地位を得たい。

そのヒントを探すべく、次章では夫婦が形作る「結婚」をデータから見つめる。

第2章

日本の夫婦の現状とは

――政府研究会の最新データを読み解く

不幸の元凶は結婚なのか

ここまで、僕の結婚生活における「すったもんだ」を記してきた。家庭の恥部を世間に公開することに抵抗感はある。それでも「夫婦関係に悩む方々のヒントになるはず」と気持ちを強くして、ここまで書き進めてきた。

それでも、2、3ページ仕上がるたびに「どうしてこんなことになっているのか?」とへこむ。そして「妻(美和)と一緒にならなければ」とふさぎ込む。さらに「そもそも結婚なんかしなければ」と、決断を悔やんでしまう。

そう、僕の苦しみは、何もかも「結婚」がもたらしているのだ。結婚さえしていなければ、警察官にDV夫扱いされなかった。結婚さえしていなければ、救急車で運ばれなかった。結婚さえしていなければ、借金をどうするかで頭を悩ませることはなかった。

全ての不幸の元凶は結婚にある——。

妻とうまくいっていると信じていた頃、こんなネガティブな思いを抱くことはなかった。僕と彼女は、2011年夏、当時住んでいた都内区役所に婚姻届を提出している。その近くを通ると、「ふたりでサインして婚姻届を出したな」と、ほっこりと思い出に浸ったものだ。結婚について、ポジティブだった。

暗転の始まりはやはり、19年5月の借金800万円の発覚だ。うまくいかなくなると、結婚や夫婦について関心が高くなった。最初は『夫婦という病』（岡田尊司、河出書房新社）などの夫婦本を読み始めた。さらにネット上で「結婚」「夫婦」「離婚」などと入力し、出てくる情報を読みあさった。

世に出ている結婚、夫婦関連の情報はあまたある。知るほどに、調べるほどに奥深い。男女1組が生み出すドラマは、僕ら夫婦のような悲劇とも喜劇とも呼べるものから、高貴な純愛までさまざま。起点は全て婚姻届という紙切れ一枚なのに、行く先は千差万別、夫婦ごとだ。

憲法24条の示す「協力」とは

世の中には法的に入籍しない「事実婚」を選択するカップルも一定数いる。深く話し合ったことはなかったが、僕らは婚姻届を出しての法律婚を選択した。ハードルともなる苗字選択について、妻から特段の意見は出なかった。富岡となった彼女は、職場でも旧姓を使っていない。

昨今、夫婦別姓に関しては活発な動きがある。僕は支持派だ。娘たちが将来結婚する時に選択肢を増やしてあげたいという親心が理由の一つ。深く知りたい方は、同じポプラ新書から出ている『「選択的」夫婦別姓』（青野慶久）を手にすることを勧める。

同性婚をめぐる訴訟も盛んで、さまざまな司法判断も出されている。「はじめに」でも述べたが、僕は同性婚を法的に認めるべきとの立場だ。この書籍で深追いする紙幅はないが、婚姻（結婚）に関連する日本国憲法24条は紹介しておきたい。

婚姻は、両性の合意のみに基いて成立し、夫婦が同等の権利を有することを基本として、相互の協力により、維持されなければならない。

僕の家のケースに当てはめてみよう。男性である悠希と女性である美和の「両性の合意」で「成立」した。これは間違いない。ただし、その後にある「相互の協力により、維持」は、怪しい。きちんと「協力」できていたら、夫婦喧嘩は回避できている。「協力」が不十分なため、結婚生活は不安定だ。

結婚と家族に関する政府研究会

何かの物事を深く知りたい時、専門知は頼りになる。結婚や夫婦を調査・研究している専門家が集まり、21年〜22年に政府の研究会が開かれた。ここ数年、結婚に関心を払ってきた僕が目にした中で、質、量共に最高レベルだ。

この書籍を手にしている読者は、僕と同じように結婚で苦しんでいる方々が一定数いると推測する。苦しむまでいかずとも、モヤモヤ感を抱いているかもしれない。未婚者でも、これから足を踏み入れる世界の地図が分かったほうが動きやすい。

古代中国の兵法書「孫子」にも出てくる。「彼を知り己を知れば百戦殆《あや》うからず」。「彼」たる結婚を少しでも知ろう。

「人生１００年時代ということになりまして、我が国の結婚、家族、こうしたものの姿が、今、（中略）大きく変化してまいりました」

「この研究会では、我が国の結婚と家族にどのような変化が生じているかということを、データを用いて多面的に明らかにしたいと同時に、それに伴う課題を整理して、その知見を今後の政策の検討に、まさに基盤として使わせていただくということを頭に置いております」

21年5月の初会議で、内閣府特命担当大臣（男女共同参画）の丸川珠代氏（当時）はこう挨拶した。丸川氏は、元テレビ朝日アナウンサー。滑舌のよい話し方は、オンライン開催の参加者にも聞き取りやすかったに違いない。

丸川氏が「この研究会」と表現したのは、「人生100年時代の結婚と家族に関する研究会」。内閣府男女共同参画局が開催した第1回の会議が、この日開かれた。政府の研究会は、資料も議事録も所管部門のサイトにアップされる。本章では、その記録に当たっていこう。

ちなみに研究会の座長は、中央大学教授で家族社会学が専門の山田昌弘氏。山田氏は、「格差社会」という言葉を広め、「婚活」というキーワードを世に出したことで知られる。その山田氏の元、他の大学教授や民間研究者ら5人ほどが構成員（メンバー）となっている。

この研究会は5月の初会議以降、翌年7月までに合計12回開かれている。かなりの頻度だ。5回目の実施は21年11月。この時には野田聖子氏が担当大臣として発言している。同年10月に岸田内閣が発足したためだ。

なお、この11回目であるメンバーが「壁ドン・告白・プロポーズの練習」を「教育に組み込む」と提案したことがネット上で批判を受けた。「壁ドン」は「デートＤＶ」につながると警鐘を鳴らされてきたこともあり、僕もこの提案には首をかしげる。ただし、この1点をもってして、研究会の他の議論も全て「税金の無駄」と切って捨てるのはもったいない。

増える離婚率と「再婚さん」

この研究会では「結婚と家族をめぐる基礎データ」を公表している。ここから興味深いデータを引っ張りつつ、他の資料にも当たることにする。

まず参照したいのが、結婚（婚姻）と離婚件数の推移を示す、図1だ。厚労省の「人口動態調査」を元に作成している。

20年の数字は「はじめに」でも使った。結婚した52万５５０７組に対し、離婚は19万３２５３組。３分の1のカップルがダメになる「特殊離婚率」を記した箇所だ。

結婚成立のピークは70年代前半で、１００万件を超えた。戦後の「第一次ベビーブーム世代」となる「団塊の世代」が、適齢期に差し掛かったことが要因だ。彼らの子どもが「団塊ジュニア世代」。同じく適齢期に入った90年代から２０００年にかけての

図1　婚姻・離婚件数の年次推移

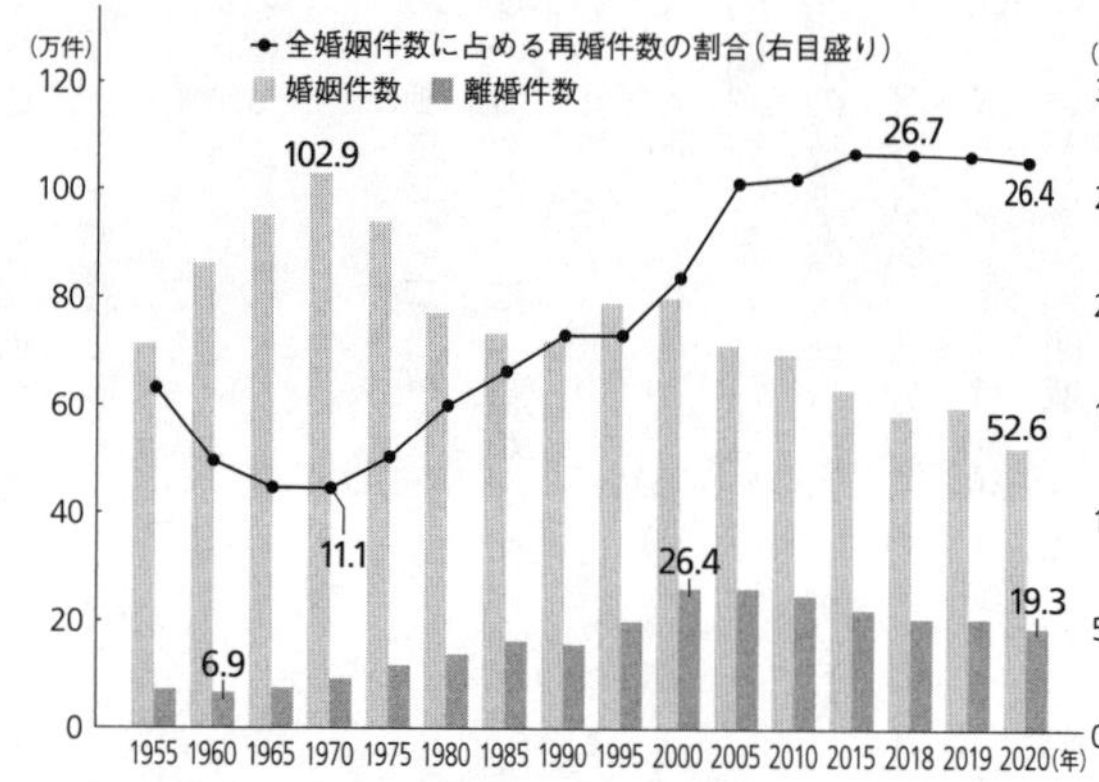

※再婚件数：夫婦とも再婚又はどちらか一方が再婚

出典：厚労省「人口動態調査」

持ち直しを支えた。しかし、それ以降は急激な右肩下がりを迎える。

他方、離婚件数のピークは2002年で、年間約29万件に迫った。図1でも、前後が下がるなだらかな丘型となっている。70年の離婚件数は婚姻件数の10分の1にも満たない。まだまだ、離婚者は珍しかった。それが20年には婚姻件数の減少もあって、3分の1に達している。今は離婚者の存在感が格段に増している。

読者の友人、知人にもバツ1、バツ2ぐらいは、何人かいるだろう。筆者も同じだ。お世話になった取材相手と居酒屋に飲みに行く。お互いの家庭の話となった時、「独身と言いましたが、正確にはバツ1なんです」。こんな風に告白されたことが何度かある。

離婚が珍しくなくなる動きと合わせて、再婚件数の割合が高まっている。この再婚件数は、夫婦共再婚か、どちらか一方が再婚の場合だ。70年には11・1％に過ぎなかったのが、20年には26・4％に。今や結婚のおよそ4分の1が「再婚さん」だ。

21年4～6月に放送され評判となったフジテレビ系ドラマ「大豆田とわ子と三人の元夫」。題名から明らかなように、松たか子さん演じる主人公とわ子はバツ3設定だった。前向きに生きる離婚経験者を社会が受け入れる素地があるからこそ、成り立ったドラマだと考える。

晩婚化の国際比較

結婚年齢を語る時には、平均初婚年齢がふさわしい。再婚者を含むデータでは、数値が大きく引き上げられるからだ。基礎データでは、1987年と2015年、20年の数値を示している。87年と20年を比べると、夫は28・4歳から31・1歳、妻は25・7歳から29・4歳になった。いわゆる晩婚化が進んだ実態を反映している。

なお、こう書いている筆者も、数値を引き上げている部類だ。ようやく33歳頃から婚活に本気となった。その頃、男友達は結構な割合で結婚していた。合コンする相手女性は探せばどうにか見つかったが、一緒に来てもらう友人男性が足りない。「そろそろ、どうにかしないと、まずい」。焦り始めた時に出会えたのが、妻・美和だった。そして、35歳で結婚した。

反対に妻は26歳で結婚し、平均を引き下げた。都内で働く彼女の友人たちの中で、妻の結婚は確かに早めだった。

結婚式は未婚男女の出会いの場と言われる。僕らの場合は、既婚者が多い僕の友人と未婚者が多い妻の友人との組み合わせ。「あんまり友達の役に立てないね」と僕らは話したものだが、ところがどっこい。数少ない僕の独身友人と妻の友人が、結婚に至るご縁を結ぶ。どこにでも男女の出会いは転がっている。

では、僕ら日本人の平均初婚年齢を国際比較すると、どうなるか。それを示したのが図2だ。先進各国が加盟する国際機関「ＯＥＣＤ」（経済協力開発機構）のサイトから独自に作成している。

図は19年の数値で、日本でも晩婚化は進展しているが、順位を見ると男性が26位で

図2　平均初婚年齢

【男性】

順位	国名	年齢
1	スウェーデン	36.7
2	スペイン	36.1
3	ノルウェー	35.7
4	イタリア	35.5
5	フランス（2018年データ）	35.2
6	デンマーク	35.1
7	ルクセンブルク	34.8
8	オーストリア	34.7
9	オランダ	34.4
10	フィンランド	34.2
17	韓　国	33.4
26	日　本	31.2

【女性】

順位	国名	年齢
1	スウェーデン	34.1
2	スペイン	33.9
3	ノルウェー	33.1
3	フランス（2018年データ）	33.1
5	デンマーク	32.8
6	イタリア	32.7
7	ルクセンブルク	32.1
8	オーストリア	32.0
9	フィンランド	31.9
9	アイルランド	31.9
9	オランダ	31.9
20	韓　国	30.6
22	日　本	29.6

出典：国際機関「OECD」（経済協力開発機構）、2019年調査

女性が22位。同じアジア圏だとお隣韓国が上で男性17位、女性20位だ。

上位10カ国は、欧州各国が名を連ねている。男女共に1位スウェーデンを見てみると、男性は36・7歳、女性34・1歳だ。男性は周囲から「遅かったね」「やっとだね」と言われた僕の35歳での結婚年齢を、優に上回っている。スウェーデンだったら、「いい時期」「頃合いだね」と言われたに違いない。

21年に「逃げ恥婚」として話題をさらった新垣結衣さんは、当時32歳（ちなみに相手の星野源さんは40歳）だった。スウェーデンだと、彼女は

「やや早め」と受け止められそうだ。日本とスウェーデンを比べると、男性では5・5歳、女性だと4・5歳の開きがある。その差が、こうした受け止め方の違いにつながる。

そのスウェーデンは女性の社会進出が進んでいることで知られる。代表的人物が21年11月に、初の女性首相となったマグダレナ・アンデション氏。14年から財務相を7年務めた後に就任している。日本の女性政治家は、首相はおろか財務相（旧大蔵相）のポストにもついたことはない。相も変わらず、おじさん、おじいちゃんばかりだ。早く女性財務相、女性首相が誕生して欲しいと願う。

政界はまだまだだが、日本女性の大学進学率と労働参加率は共に高まっている。民間企業では女性管理職の数値目標を掲げる企業も増えている。取締役会を含む企業の重要意思決定機関に占める女性の割合を高めることを目的とした世界的キャンペーンの国内版「30% Club Japan」という取り組みもある。大卒女性が管理職へと歩むルートが開けていけば、晩婚化を後押しするかもしれない。

22年6月に発表された内閣府の22年版「少子化社会対策白書」では、その晩婚化について「進行は鈍化」と見出しにした。19年から20年にかけて、平均初婚年齢が「男女とも横ばい」となったことを受けている。

鈍化が続くのか。それとも、再び上昇軌道を描きスウェーデンなどに近づいていくのか。今後が気になる。

結婚前、相手に何を求める？

僕が11年に開いた結婚式で配った「嫁入新聞」を再び参照する。今度は、僕から見た妻の「好きなところ」を引用しよう。「心がきれいで、素直なところ。一緒にいて、穏やかな気持ちになれる。愛らしいルックスもね」。改めて振り返ると、僕は伴侶に安らぎを求めて結婚していた。ストライクど真ん中の容姿も高ポイントになっている。

皆さんは、どうだろうか？　夫に妻に、何を求めただろうか。それを示したのが、次の図3だ。

出典元は基礎データとは別の「人生100年時代における結婚・仕事・収入に関する調査」中間報告書。実施者は、研究会を開いている内閣府男女共同参画局だ。対象は全国の20～60代のネット登録モニター2万人とかなりの規模。回収期間は21年12月～翌1月で、主査は研究会の座長を務める山田氏だ。

「結婚相手に求める・求めたこと」で、男女共に1位は「価値観が近い」こと。そう

図3　結婚相手に求める・求めたこと

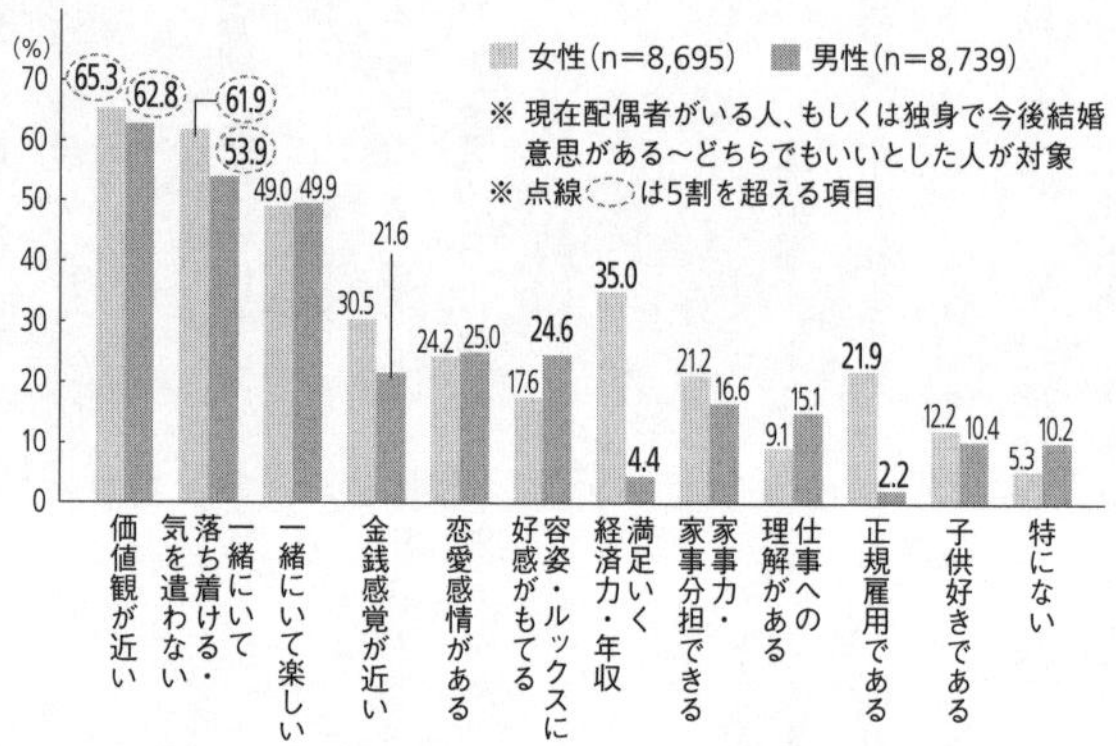

※男女どちらかで1割を超えるものを抜粋
※調査結果は集計速報値の為最終報告値は変更の可能性がある

出典：「人生100年時代における結婚・仕事・収入に関する調査」中間報告

だろうと受け止める一方、少々不満も残る。価値観という言葉が示す範囲が、かなり広いためだ。「金銭感覚が近い」という選択肢も用意されているが、金銭感覚はお金への価値観を元にする。「仕事への理解がある」「子供好きである」も、仕事への価値観、子どもへの価値観と結びつく。

芸能人・著名人の離婚理由でよく「価値観が違った」とのコメントが出る。これ、理由を示しているようで、その実なんだか分からない。

「価値観」に続いては、「一緒にいて落ち着ける・気を遣わない」「一緒にいて楽しい」が選ばれている。恋愛結婚の時代らしい。ラブラブ感を大切にしつつも、女性は男性に「満足いく経済力・年収」を求めている。その割合は35％で男性の約8倍だ。同時に、女性は男性に「正規雇用である」ことを21・9％が求めている。こちら男性の2・2％と大きな差だ。

筆者の知人である女性編集者の山根さんは、木工職人の男性と結婚生活を送る。そして山根さんが主に稼ぎ、家事と育児は「ほぼ専業主夫」に委ねている。まだまだ珍しい分担だ。山根さんのような女性が増えれば、「旦那が非正規でもＯＫ」となろう。そうした結果、この2割は下がるかもしれない。

増えている非正規男性が結婚できるようにするためにも、女性の社会進出を後押しすることは重要となる。

結婚前の理想は、現実によってどう変化する？

では、結婚前の理想は、結婚後にどう変わるのか。図4で追ってみよう。こちらも同じく中間報告書から引用した。

結婚前トップだった「価値観が近い」は、女性では13・8ポイントも減り、「一緒にいて落ち着ける・気を遣わない」に首位を譲った。男性でも13ポイントの大幅減。

図4　現在、結婚相手に求めること(既婚者対象)

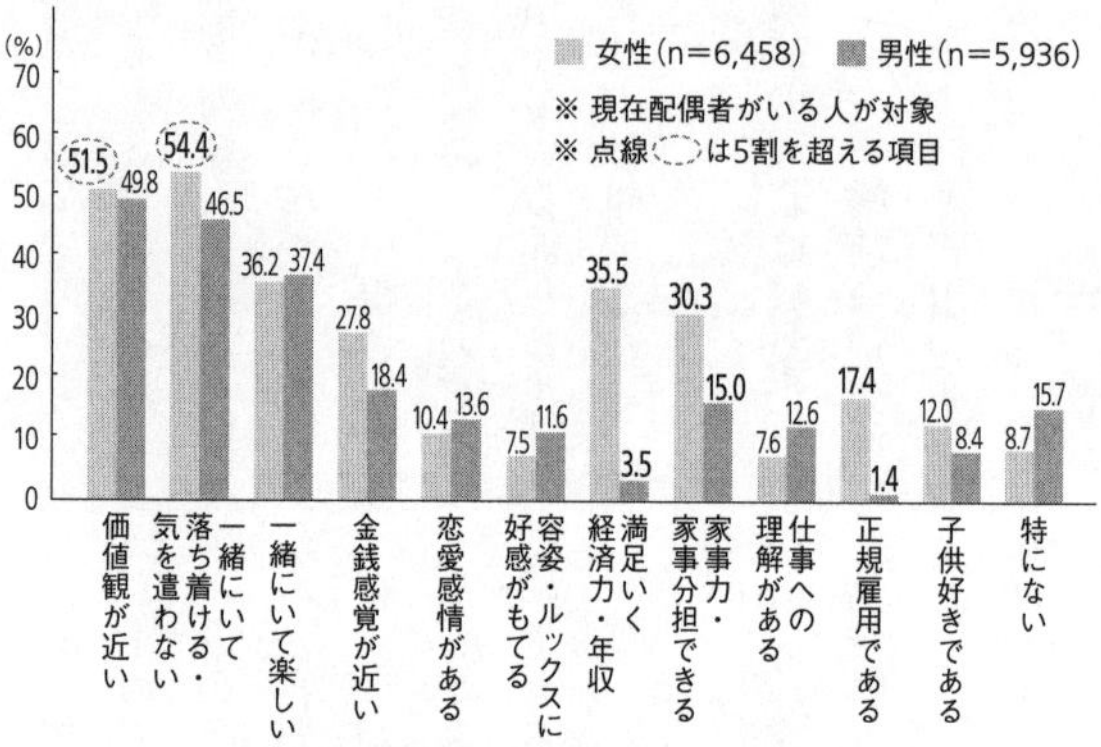

※男女どちらかで1割を超えるものを抜粋
※調査結果は集計速報値の為最終報告値は変更の可能性がある

出典:「人生100年時代における結婚・仕事・収入に関する調査」中間報告

「一緒にいて〜」も下げているが、減らし幅は少ない。

結婚生活10年超の僕なりに、実体験を踏まえて分析してみる。

「価値観が近い」を相手に求めるのは現実的には難しい。かなり酷な要求だ。他方、同じ屋根の下で共同生活を営んでいれば、自然と「落ち着ける・気を遣わない」存在にはなる。日々の生活実感が反映された結果と捉えた。

別の回答でも、既婚女性ならではがある。「家事力・家事分担ができる」は結婚前より、9・1ポイント高となっている。

図5　将来、離婚する可能性はあると思うか

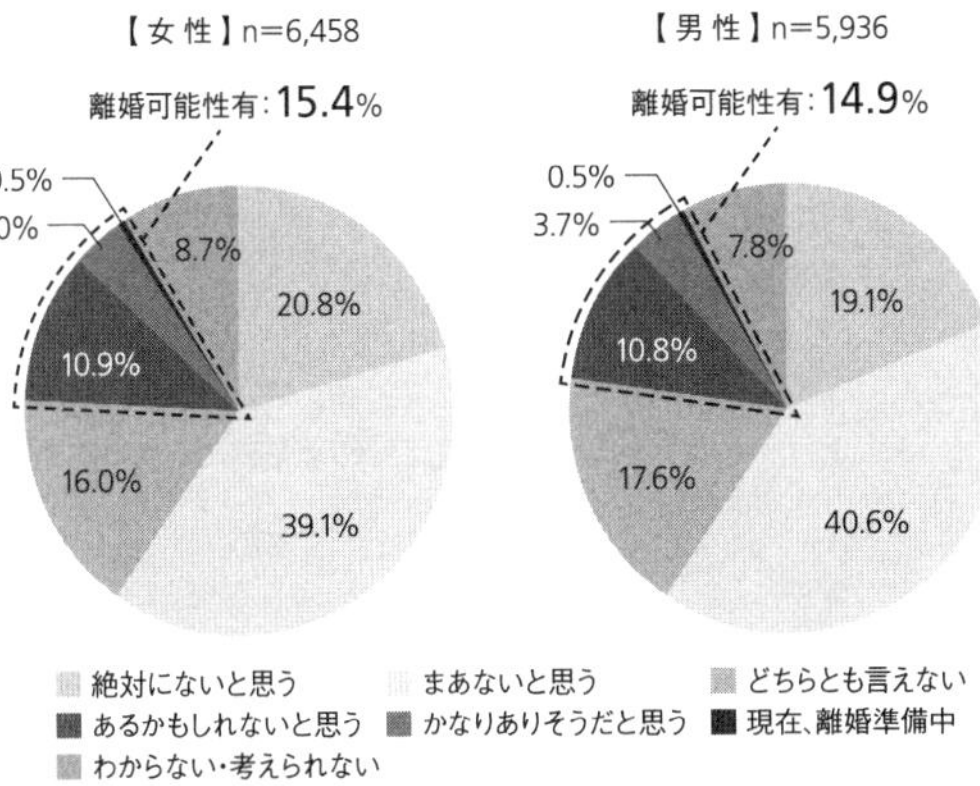

※調査結果は集計速報値の為最終報告値は変更の可能性がある

出典：「人生100年時代における結婚・仕事・収入に関する調査」中間報告

家事ができない夫は、実に不便だ。

筆者の70代父は、昭和ど真ん中の男ながら、休みの日にはこまめに掃除をしていた。

離婚する可能性と離婚率の国際比較

この中間報告には、「将来、離婚する可能性はあると思うか」の結果もある（図5）。「現在、離婚準備中」「かなりありそうだと思う」「あるかもしれないと思う」を足した、「離婚可能性有」は男女共に約15%だ。他方、「絶対にないと思う」と断言したのは、男女共に2割ほどとなっている。

既婚者の読者の皆さんは、どの選

択肢だろうか。僕は、とても「絶対にないと思う」「まあないと思う」にはならない。この二つを選ぶ結婚生活なら、この著書を世に出すことはないと分かってもらえるだろう。

次からは、その可能性が現実のものとなった離婚のデータを扱う。まず、日本社会でも身近になり、存在感を増している離婚者の割合を国際比較で見てみよう。それが図6だ。こちらも平均初婚率と同じくOECDのデータから、筆者が作成した。

まず説明しておきたいのが、この数字が「人口千対離婚率」（普通離婚率）となっていること。母数が人口であり、「3組に1組は離婚する」ことを示した特殊離婚率とは計算式が異なっている。

19年の数値から取っている。今回も1位のチリ（3・2）から、10位のチェコ（2・3）までを引っ張った。韓国（2・2）は11位で、日本（1・7）は31位だ。

1位チリや2位ラトビアのイメージがなくても、6位のアメリカ（2・7）を離婚大国と認識している方は一定数いるだろう。ちょうど日本より「1」多く、その認識を裏付けるデータだ。ハリウッド俳優の離婚は、しょっちゅうゴシップネタになっている。『パイレーツ・オブ・カリビアン』で知られるジョニー・デップ氏の泥沼離婚

図6　人口千対離婚率（普通離婚率）

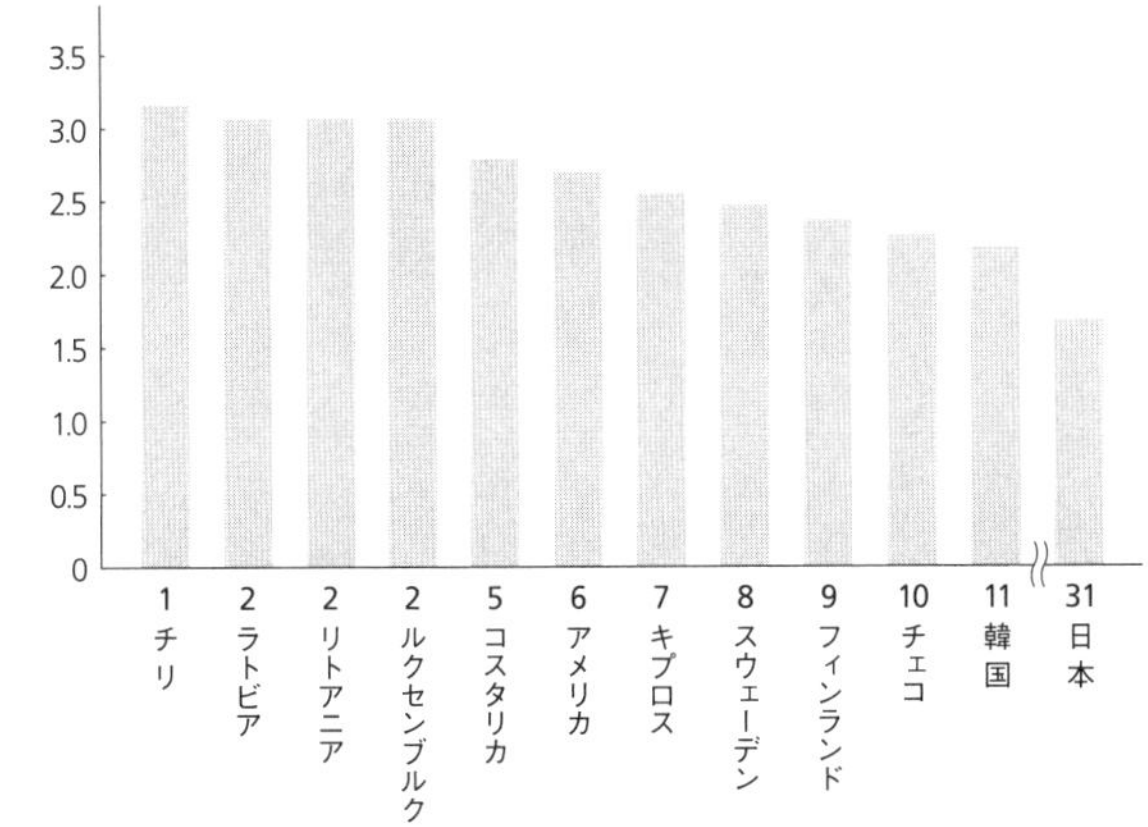

出典：国際機関「OECD」（経済協力開発機構）

劇を記憶している読者もいるだろう。

経済、文化などが絡む各国のお国事情があって、その国の普通離婚率が形成される。論じることはいくらでもあるが、この書籍では日本の順位を示せれば十分だと考える。

離婚の原因は？

久しぶりに会った友人に「実は離婚してさ」と打ち明けられる。気安い仲だと、僕は「どうして？」とまず間違いなく尋ねる。男女が結婚する理由を僕は、「愛しているから」の一言に収斂する（中にはそうでない人もいるだろうが）。他方、行き着いた先の離婚の理由は、まちまち。だからこそ、自然と聞きたくなる。その関心事項を示しているのが、62ページの図7だ。

法務省が出している「協議離婚に関する実態調査」(21年3月調査)から引用した。「協議離婚」とは夫婦で話し合いをして離婚に合意し、「離婚届」を役所に提出して別れたケースを指す。離婚手続きで、最も採用されているメジャーな方法。なお、夫婦だけで意見がまとまらなかったら、調停離婚、審判離婚、裁判離婚へと進む。この3つは家庭裁判所の手を借りる。

実態調査の対象は、未成年の子を持っていた状態で協議離婚を経験した30〜40代。男女500人ずつ合計1000人にアンケートを取っているが、元夫婦を追っているわけではない。離婚後も子どもの面倒を見ている「監護親」と、そうではない「非監護親」が500人ずつの半々だ。

問い11が、「あなたが離婚した原因(夫婦関係が破綻した原因)に近いものをすべて選んでください」(複数回答可)。

選択肢のうち「経済的な暴力」は耳慣れない言葉のため説明しておこう。愛媛県新居浜市のサイトにある「新居浜市配偶者暴力相談支援センター」のリーフレットを参照する。そこでは「経済的暴力」の内訳をこう記す。「生活費を渡さない」「家計の管理を独占する」「お金の使い道を細かくチェックする」「外で働かせない、仕事を辞めさせようとする」「借金をさせる」。

世の中で一定数の旦那さんは、お小遣い制だ。もらった給料を全部、妻の管理に委ねる。そこから月数万円をもらい、ランチ代を含めてやりくりする。自分が稼いだお金なのに、自由に使えない亭主たちの悲哀を描く漫画もある。「定額制夫の『こづかい万歳』～月額2万千円の金欠ライフ～」（吉本浩二、講談社）だ。

正直、「そこまでカツカツだとしんどくない？」との感想も抱く。妻が「家計の管理を独占」しているようにも見えるが、夫たちは楽しんでいる風でもある。そのため、「経済的な暴力」には該当しないとなるのだろう。

ダントツの「性格の不一致」

実態調査に戻ると、ダントツの1位は「性格の不一致」となる。

「性格」が示す範囲も、図3、4で支持を集めた「価値観」と同じく幅広い。そのため、選ばれやすくなっていよう。

図7　あなたが離婚した原因(夫婦関係が破綻した原因)に近いものをすべて選んでください

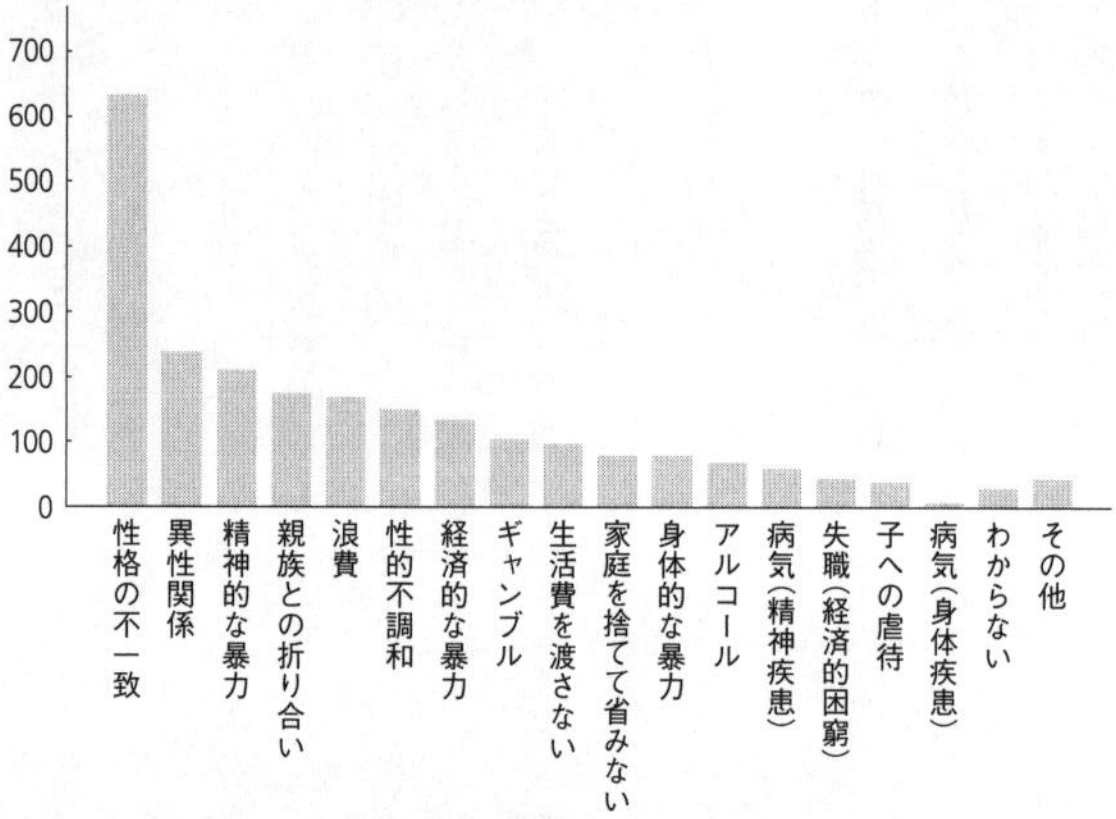

出典：法務省「協議離婚に関する実態調査」(20年度)

ただし、そもそも夫婦の性格は完全に一致することなどない。交際期間、新婚時代は、愛情で見えないだけ。そのうち「妻のヒステリー嫌だな」「夫のキレやすさにうんざり」との感情が芽生える。離婚しない夫婦は、折り合うかスルーしている。

2位は「異性関係」だ。オブラートに包んだ表現になっているが、未遂、既遂両方を含む浮気を指すと考える。

19年5月に週刊文春の「文春砲」で、愛車の「4WD不倫」を暴かれた俳優がいた。2年半後、妻が『別れない理由』(原田愛、講談社)と題した書籍を出している。浮気をされたサレ妻が、これほど開き直れるケースは少ない。芸能人でも、不倫→バレる→離婚のほうが常道だ。既婚者の異性関係の闇については、現場に乗り込んだルポを次章で掲載しよう。

３位は「精神的な暴力」。新居浜市のリーフレットによると「人格を否定する」「暴言をあびせる」「無視する」「大声でどなる」「大切なものを壊す」など。このうち「無視する」は、筆者の経験上、地味ながら辛い。朝、「おはよう」と声を掛けても「……」。足音や気配を察知し、逃げられる。心身をじわじわ病ませる。今、思い返しても悲しくなる。この「シカト沼」に対する心の持ちようも、後に記す。

４位は「親族との折り合い」。借金８００万円問題の時、義母から横やりが入ったことは記した。苦い経験を踏まえると、夫婦関係に響くことが分かる。５位に入った「性的不調和」は、昨今話題のセックスレス問題に直結しそう。６位の「経済的な暴力」の内容は、先に説明した。ダメ夫が妻に「借金をさせる」ケースは昔から聞く。

仮の離婚理由を挙げてみると

仮に僕が今離婚したとすると、次の三つを選択する。「身体的な暴力」「精神的な暴力」「浪費」。妻からすると自分の買い物は「浪費」ではないと主張しそうだが、僕はそう捉えざるを得ない。

皆さんの場合はどうだろうか？　仮の離婚原因を挙げてみると、夫婦で解決するべきポイントが浮かび上がってこないだろうか。

この章では、筆者を悩ませている結婚を各種データから見つめ直そうとした。時に国際比較を織り交ぜ、合計7つの図で示した。

筆者を含む既婚者は毎日、結婚生活を営んでいる。しかし、その夫婦たるものがどんな全体状況の中に置かれているかを考えることはまずない。仕事と家事だけで、十分に忙しい。子どもがいれば、それに育児が加わる。毎日、てんてこ舞いだ。

その分、こうしたデータに触れることが、ご自身の結婚を客観視し、夫婦関係を見つめ直す起点になることを願う。他の人と違うと気づくことだけでも、意味がある。

僕もこの章を書くことが、随分と自分の結婚生活の振り返りにつながった。病院送りにされた僕が、妻との結婚に安らぎを求めていたとは何とも切ない。しかし、これが僕の結婚生活のリアルなのだ。直視せざるを得ず、こうして書かざるを得ない。

自らの血を流しきったところで、次は現場ルポに出かけるとしよう。

第3章 さっそく「仮面夫婦沼」

——既婚者合コンに行ってみた

ガチバトル夫婦か仮面夫婦か

映画、ドラマ、小説などのフィクションでは多様な夫婦像が描かれる。純愛モノから、ドロドロ系までその振れ幅は大きい。こうした虚構の世界ならば、つぶさにその夫婦関係を覗ける。しかし、現実世界ではそうはいかない。家庭外からは、その夫婦の実像はほぼ見えない。この書籍が出ない限り、富岡夫婦がこんなことになっていると知っているのも、ほんの数人だ。

基本的に家庭はベールに包まれている。その中で夫婦の一定数はもがき、苦しむ。前章では、男女共に約15%が「離婚可能性有」との調査結果を紹介した。その可能性が現実となった年間の離婚件数は、婚姻件数の3分の1ほどに上る。

そのうまくいっていない夫婦像を、僕なりに掘り下げると、大きくは二つの系統に分別できそうだ。一つは、「ガチバトル夫婦」。さらりと書いたが、僕の造語。僕ら夫婦のように本気（ガチ）で喧嘩（バトル）を繰り返しているカップルを指す。バチバチと本音をぶつけ合っている。「夫婦喧嘩を疎まず」というと格好付けすぎか。シカトも含め、大人として冷静な話し合いがしにくくなっている場合もあろう。

もう一つは、仮面夫婦。夫も妻も心に仮面をかぶり、相手に真意を見せない。本音でぶつかることはない。喧嘩はないが、家庭内には殺伐とした空気が流れている。「離婚は面倒」「別れると生活に困る」。こんな理由で別れることなく、夫婦を演じている。

両者では、どちらが多いだろうか。頼れるデータはないが、僕は仮面夫婦だと考える。実体験からしてガチバトル夫婦は、喧嘩をエスカレートさせてしまう。前章で示した離婚の原因に関するデータでは、「精神的な暴力」「身体的な暴力」が、一定数あった。暴力関係で別れたカップルは、元ガチバトル夫婦だったかもしれない。

仮面夫婦の割合は

では、僕がより多そうだと見込む仮面夫婦は、いかほどの割合だろうか。

女性向けファッション誌「Domani」が２０２０年にウェブ版でアンケートを取っている。対象は、30～45歳の既婚女性（仕事・子どもアリ）１１０人。「自分たちは仮面夫婦だと思いますか？」に対し、「はい」は20・2％だった。

もう一つの調査に当たろう。実施者は、イベントプラットフォーム事業を手掛けるノマドマーケティング。既婚男女合計２００人に、「自分の家庭は仮面夫婦だと思いますか？」と聞いた。「はい」は男性約20％、女性約19％。実施は21年のことだ。

両方とも2割で一致した。夫婦5組に1組が仮面夫婦という結果について、僕はいい線だと感じる。あくまで肌感覚に過ぎないが、このぐらいの塩梅なのではないか。「Domani」は、回答者からの体験談も載せている。「シンプルに好きじゃない」（40代）、「仲が悪くても子どもの前では、仲がいいふりをしている」（30代）。本当に冷めきっている様子がうかがえる。

ノマドマーケティングの調査からは、「きっかけ」を引用する。男性だと「意見のすれ違い」（44歳）、「話をすると喧嘩になるから」（60歳）。女性では「会話」（55歳）、「お互いの思考の違いが明白になった」（70歳）あたりが目についた。

還暦男性が残した「話をすると喧嘩になる」の言葉は重い。富岡夫婦にも、この傾向がある。ガチバトル夫婦の僕らも、仮面夫婦に移行するのだろうか。今は、その気配はないが、「人生、一寸先は闇」だし、「夫婦の行く先もまた闇」と警戒している。

僕たちガチバトル夫婦にもう一度、話を戻そう。好ましくはないが我らの場合、夫婦喧嘩がガス抜き効果を持っている。遠慮なく、言いたいことを口にする。それがふたりとも、ストレス発散となる。

記事で知った「既婚者合コン」

　こんなガチバトル夫婦に対し、仮面夫婦はどうガス抜きをするのだろうか。彼らの家庭内は砂漠だ。だとすると、家庭外に求めるのではないか。21年に入ったぐらいになると、僕はこんな仮説を立て始めた。

　アンテナを張ると、情報感度は高くなる。同年8月中旬、新婚女性が「既婚者アプリ」で浮気をしたという記事をクリックした。そこにはコロナ前、「『既婚者街コン』なるものも多く開かれていた」とあった。街おこし、地域交流で開く「街コン」は知っていた。ただし、それを既婚者限定で実施する「既婚者街コン」は、初耳だった。

　未知の情報と接すると、Google検索する癖がついている。実行すると、いろいろヒットした。「街コン・婚活パーティーの出会いポータルサイト」もあれば、「既婚者同士の飲み会」「既婚者サークルで合コン」の案内もあった。

　情報を目にした瞬間、ピンと来た。ここに「仮面夫婦」が集っていないか。妻だけ、夫だけとの関係から自由になりたい男女が憂さ晴らししているのではないか、と。

　複数のサイトをチェックすると、次のような勧誘文句が並んでいた。「これまでにない素敵な出会いを楽しみ、人生を豊かにするための集まり」（サイトA）。「日頃のストレスを持ちより、既婚者同士、非日常の中で楽しくおしゃべりして一緒にサークルのように盛り上がりましょう」（サイトB）。他を見ても、どうも綺麗な文言が並んでいる。「美辞麗句ほど怪しい」。ジャーナリストの習性で、ますます気になる。

ちょうどコロナ第5波が来ていたことから、すぐには動きにくかった。自分の直感を信じ、「既婚者合コン」に「参戦」するタイミングを待つ。参加より参戦と表現するほうがしっくりくるほど、僕のテンションは高まっていた。

「朝活」にいよいよ参戦

緊急事態宣言が明けた21年11月、サイトCでおあつらえ向きの開催を見つけた。ネーミングは「朝活」で、「サクッと出会いたい方集まれ」。年齢は20代後半から40代半ばだから、何とかOK。会費は7500円、お酒を飲まないと500円引きだ。

開催の1週間前に決断し、「申し込みフォーム」を記入していく。必須項目は、名前・メールアドレス・電話番号・年齢など。任意で「名札に記入する名前」を書くようになっていた。「送信」ボタンを押すと、無事に自分のメアドに案内が届く。一度、返信をして予約を確定させる仕組みだった。

こうして僕は、人生初の「既婚者合コン」に足を運ぶことになった。

「アヤさんですか。ゆうきと申します。初めまして」

平日午前10時45分、僕は都内雑居ビル地下1階の飲食店にいた。手元にはスパークリングワインが入ったグラス。そして、アクリル板の向こうには「アヤ」の名札をつけた女性が座っている。「ゆうき」の名札は、申し込み時に記した通りに準備されていた。

アヤさんは見たところ、30代前半というところ。クリーム色のニットセーターに、紺色の細身パンツという上下。薄ピンク色のネイルを施し、両耳にはゴールドのイヤリングがぶら下がっていた。派手すぎず、かつ地味すぎず。「感じがいい」というのが第一印象だ。

1秒半で外見チェックを終えた僕に対し、返事がきた。

「こんにちは。いや、おはようございます、ですかね。あはは、アヤです」

お店に入った時から僕の心臓は、緊張でバクバク状態。いつもの取材と勝手が違いすぎて、質問が思い浮かばない。「さて、何を話したものだろうか」。第二声を出せずにいたところ、入口の主催者女性が通る声で呼びかけ始めた。

「○○（サイトCの名前）の『朝活』へ、ようこそ。平日の午前中ですが、飲める方はお酒を、飲めない方はソフトドリンクで、リラックスしたひと時をお楽しみくださ い」

「男性陣は30分ぐらいで、お席を替わって、別のテーブルに行って頂きます。お料理は後ほど、皆さんのテーブルに順次、お店の方が運びますね」

「連絡先の交換は、お席を移る前でお願いします。本日は2時間で終了で、フリータイムはありません。女性の皆さん、連絡先の交換を申し込まれても、嫌だったら断って平気ですよ。男性の皆さんは、絶対にしつこく申し込まないでください」

「では、前置きが長くなりましたが、いよいよ、乾杯に移らせて頂きます。本日、○○の朝活にお集まりの紳士、淑女の方々、グラスを持ってください。では、参りますよ〜。カンパーイ！」

システムを説明しよう。この「朝活」に参加したのは、男女共に12人ずつ。それを男3人の4グループ、女3人の4グループに分ける。女性陣は4テーブルの壁際に横一列に座る。そのテーブルを、グループとなった男性3人が30分ずつ、順繰りに回る。会話をして、ドリンクを飲んで、食事をして楽しみましょう、という流れだ。

彼女が欲しい夫、彼を探す妻

先ほど描写したアヤさんの両隣にも女性がいた。右側が20代後半と見られるサチさん。左側が、アヤさんと一緒に参加したというメグミさん。アヤさんとメグミさんは、ちょいちょいふたりで話している。

そして、僕の両隣にも男性がいる。右隣のタカシさんは、40代前半とのこと。白Yシャツにネクタイを締めたスーツ姿だった。都内にある大学の職員で、午後からオフィスに行くらしい。そのため、お酒は控えていた。

左隣にいたのは、30代後半のユウイチさん。紺色セーターに黒パンツとラフな印象。会場となった飲食店近くにある出版社で営業職をしていると自己紹介した。身長180センチ超のスリム体形で、イケメンの部類に入る。彼はいわゆる常連さん。今回の参加経緯をこう話した。

「さっき会社にいたら、主催女性から電話があって。『男性が足りない。ぜひ、来てください』って。仕事は午後からでも、どうにかなるから、いっちょ抜けてきた」

常連のユウイチさんが、適度に仕切る形で男女６人での会話が進んだ。

アヤさんは、専業主婦で子どもは小学生の女児ひとり。その娘と韓国男性グループのBTSにはまっている。住まいは千葉。コロナ禍でずっと巣ごもりしていて、久しぶりに羽を伸ばしに来たそうだ。

隣に座っている学生時代からの友人メグミさんが、数年前から既婚者合コンに参加。そしてアヤさんを誘うようになった。他のサイトを含めて、アヤさんはもう5、6回、こうした場に来ている。道理で初参加の僕よりも余裕がある。

こんなことを聞き出していると、ユウイチさんが、テーブルの全員に声を掛けた。「みんな結婚しているのに、今日参加している理由、言い合おうよ。ぶっちゃけ、俺は彼女が欲しいから。ここで出会えたこともあるし」

さすがに常連だけあり、割り切り方が潔い。メグミさんは「アタシは少し前に彼氏と別れて、また探している。前の彼ともこういう会で会ったから」。こちらも、数年来の経験者だけのことはある。アヤさんは「私は旦那ともう終わっているから、寂しくて。メグミの話を聞いて、参加するだけならいいんじゃないかと。とは言っても、いい人がいたらどうかな。お互いの気持ち次第かな」。

残る女性のサチさんは「最近、旦那と子どもだけの世界だから、つまらなくて。女性だと500円で、お酒も飲めて、ご飯も食べられる。彼とかは、まあ、ゼロじゃないけど、お得なランチという感じかな」。スーツ姿のタカシさんは、「まずは飲み友達が欲しい。彼女とか贅沢は言わないから」。僕は「取材」と言う訳にはいかず、「タカシさんと同じ感じ」と逃げた。

やはりパートナー探し熱は高めだった。サイトでは「人生を豊かにする集まり」などとうたうが、実態はもっと生々しい。

「たぶん僕の家庭はダメでしょうね」

乾杯前、最も恐れたのは会話できずに静寂な世界が広がることだった。常連のユウイチさんがいて、大いに助かった。また、お酒の力でリラックスできたのもよかった。30分はすぐだった。女性陣に挨拶して、次のテーブルに移る。

2、3、4番目のテーブルも同じ流れ。挨拶をしたのち、時に6人全員、時に4人、時にふたりで主に男女が話をする。主婦で子どもがいる女性が多かったので、子育てが自然と話題になった。多子世帯パパの僕は得意テーマだ。

メインは女性との会話だが、男同士でも話した。実はタカシさん、東京で働くようになったのは、この年の春から。40代前半で転職していた。それまでは、中国地方の国立大学に勤め、地元だった妻の両親と同居。男の子にも恵まれ、幸せだった。

ところが40代に入ると、お金、家事、教育とあらゆる面で妻と「価値観」がぶつかるようになる。その両親とも険悪になり、「このままではメンタルがやられる」。自分を守るため転職活動をし、逃げるように東京での単身赴任を始めた。

タカシさんは、先述のようにここに来た理由を、「まずは飲み友達が欲しい」と説明した。彼は、東京では学外に知り合いがほとんどいない。

「緊急事態宣言が明けたけど、飲みに誘う友達は男女共にいない。つまらなすぎる。寂しいし、もっとこちらの生活を楽しくしたい」

コロナもあって、妻子のいる中国地方にはあまり帰れていない。最初は毎日のように来た妻子からの連絡も、めっきり減っている。

「たぶん、このまま僕の家庭はダメでしょうね」

女性陣との会話では明るく振舞っていたタカシさんだが、こうつぶやいた声は弱々しかった。仮に彼が言葉通りに離婚したとする。すると離婚原因は、前章の図7の中では「性格の不一致」と「親族との折り合い」になりそうだ。

姉御と一緒に二次会へ

2時間が過ぎるのは早かった。冒頭、司会者は連絡先の交換に言及していたが、初参加の僕はタイミングをつかめなかった。最初に話したアヤさん他、仮面夫婦の実像に迫るには、いかにも取材不足。そのため3日後に、2回目の参加を決断した。

常連のユウイチさんから、「仲良くなった面々だけで、二次会に行くケースがあるよ」と聞いていた。朝活はやめて休日の夜に絞って探すと、運よく同じサイトCで開催があった。今回は名札を「ユウキ」で申し込む。初参加で見た皆さんの名札は、カタカナ表記が多かったことから合わせた。二次会でじっくり話を聞く作戦だ。

21年12月中旬の土曜夕方、僕は再び、以前と同じ都内雑居ビルを目指していた。この時期の日の入りは、午後4時半頃。初参加の時は、駅から店までの道は明るかったが、今回はとっぷり暗い。サイトCは遅刻にうるさい。送られてくる確認メールには「17時半を過ぎる場合はかならずご連絡ください」。そう言われなくても、取材には遅刻しない。開始5分前に到着し、再び7500円の会費を払った。

今回は参加人数が多かった。前回をゆうに上回る男女21対21。システムは同じだったが、終盤にフリータイムが設けられていた。

最初に座った席も含めると、男性は7テーブル分も回る。1テーブルの時間は、20分もない。短時間勝負となると、女性と突っ込んで話しにくい。フリータイムも生かせず、二次会に誘えそうな女性を作れなかった。「2回目も寂しい取材成果か」。ふがいなさに打ちひしがれていると、店の中央部でひとりの女性が声を張り上げた。

「皆で二次会に行くよ〜。まだまだ、午後8時。夜は長い。行きたい人は私についてらっしゃい。まとめて面倒見るから」

50代前半頃と見られる通称「姉御」だった。彼女もまた常連。その声に反応し、周囲から、「行く!」「飲み足りない」。僕も「ご一緒させてください」と返事をした。

店外に出ると男女合計で10人ほどが、姉御について歩き始める。歩いて1分ほどの、ダイニングバーに皆で入った。この時、対面で座ったのがマリコさんだ。席移動の必要がない中、ようやくじっくりと話を聞くことができた。

働くママの夫婦像は

マリコさんは、紺色の長袖ワンピースに真珠のネックレスを組み合わせていた。袖部分がレース状になっていて、嫌らしくない程度に白い素肌が見える。髪の毛は少しだけ明るくしたショートボブ。お化粧は、程よく自然体だ。

お店でのオーダーは、姉御仕切り。赤・白のワイン、チーズ類などをジャンジャン頼む。姉御の周辺は彼女中心のトークだが、僕は離れた場所に陣取れた。

「一次会、人数が多くて疲れませんでしたか？」

こんな風に話題を振り、さらに好みのお酒の話をしてから、身辺情報を引き出す。

マリコさんは30代後半か。金融機関勤務で、夫は同じ業界で5歳ほど年上。仕事つながりで接点を持ち、20代前半で結婚した。出身は関東圏で、今は都内某所に住む。一男一女の子育て中だが、「今晩は旦那が面倒を見てくれている」。「女友達とご飯」とウソをついて、既婚者合コンに来ていた。もう数回目だった。

「仕事場でも家庭でも、気を遣う毎日で、ストレスたまるのよ」

お酒はいける口のようで、ワインをおかわりする。僕がちょっとした冗談を言うと笑うし、突っ込みも入れやすい。中学校でクラスメイトにいたら、仲良くできそうだ。

ふたりともワイン3杯目に差し掛かった時、旦那さんとの関係を聞き始めた。

「旦那さんいい人ですね。休日夜に、お子さんの面倒を見てくれるなんて」

「そんなことないよ。夕飯も全部私が用意してきたし。あの人、料理ができないから、放っておいたらカップ麺。悪いでしょ、私はこうやって外でお酒を飲んでいるのに」

想定以上に夫への愚痴が出てきた。

「それでも優しいならばいいんじゃないですかね。料理なら、今はデリバリーとかあるし」

「優しいか〜。付き合っている時と結婚してしばらくは、そうだったかな。私、結婚早かったでしょ。右も左も分からないうちに結婚しちゃったって感じかな」

「確かに東京で20代前半に結婚するのは早いですよね。けど、お子さんにも恵まれているし、いいじゃないですか」

マリコさんはマイナスコメントを連発するので、僕が見知らぬ夫をフォローするはめに。しかし、お酒が入った彼女には効果がない。


「夫はマンスプレイニング」


「明日は朝からゴルフですよ。週末を留守にすることも多いし。父親としては、まあまあですけど。夫としてはね〜、ダメかな。なんだかんだと偉そうなのよね」

さらなるダメ出しの後、マリコさんは質問を投げかけてきた。

「マンスプレイニングって聞いたことある？」

既婚者合コンで、ジェンダー用語を聞くとは。もちろん、知っていた。man（男性）とexplaining（説明する）を組み合わせた造語。男性が女性に対して、知識をひけらかしたり、説明したりする行為を指す。「女性は男性よりも知恵や知識がない」といった偏見が、こうした態度の根底にあるとされる。

「割と最近、聞いた言葉ですね。旦那さんが、そのタイプとか？」

「そうなのよ。私が会社の新人時代から知っているからなのか。どうも、ずっと抜けなくて。やってもない料理とか、関わりの薄い子どものことで、いちいち解説とか説明されると嫌なのよね。ユウキさんは、やってない？」

「外ではやってないですけど、家ではどうかな。上から目線にならないように気をつけているつもりですけど、あんまり自信ないです」

全否定したいところだけど、妻が僕の言説をどう受け止めているのかは分からない。この時、謙虚でいて正解だった。本書の取材を進めるうちに、僕は大いに誤った態度で妻と接していたことに気づかされる。後に詳述していく。

マリコさんは「価値観や性格の一致は無理。私と夫は別でいい」と結論付けていた。

「以前は夫婦なのだから、二人三脚で人生を歩むものだと考えていたのよ。けど、今は違う。そんなのは単なる理想に過ぎないのよ。道路だと時に交差しながら、西なら西へと進む道があるでしょ。あれとも違う。別に夫婦の人生が交わる必要なんてない。大きな人生の方向性だけ一緒ならば、それでよし」

「うちの場合だと、子どもたちを第一に考えて生きるのが、その方向性。それさえ確かならば、離婚しない。お互いへの深入りもしない。仮面夫婦、万々歳よ」

冴えた頭で家路へ

マリコさんの夫婦論は、僕を驚かせた。夫婦をテーマとしたネット記事では、こうした「割り切り妻」の発言を読んできた。それでもリアルで、好感度の高い女性から聞くと重みが違う。彼女はこうも語った。

「フィーリングの合う人と出会ったら、付き合うことになるのかな。旦那への愛情は消えたけど、他の男性には芽生えるだろうから」

マリコさんは既婚者合コンに参加しつつ、夫との関係も続ける。早晩、不倫の世界に足を踏み入れそうだ。そうなると、もう完全なる「仮面夫婦」。後戻りはできない。

彼女は僕とは別次元の思考で、夫婦を規定していた。

僕は結婚以来、妻と細かい点まで価値観を合わせよう、少なくともそれに向けて話し合おうと努力してきた。他方のマリコさんは、諦観の域に達している。僕ら夫婦は夫婦喧嘩が絶えないが、マリコさん夫婦にはバトルなし。それは彼女が、こうした考えにたどり着いてからだという。

僕ら富岡夫婦とマリコさん夫婦は、どちらがあるべき夫婦の姿なのだろうか？　こうして「あるべき」と問いを立て、夫婦のあり方に正解を求める僕の考えは、どうにもずれているものなのか。

彼女の言葉を吟味する間、僕は黙ってしまいふたりの間に沈黙が流れた。すると、姉御がこちらの異変に気づく。「何々？　ちゃんと飲んでる」。さっきまでだったら、うざかったろうが、今は大歓迎の絡みだ。僕が「飲んでますよ。ワイン、おかわりいいですか」と答えると、マリコさんが「私も」と続いた。

二次会は午後11時半頃、お開きとなった。初参加の時、僕はほろ酔いで帰宅したが、今回はどうにも頭が冴えた状態で家路についた。

第4章

「借金沼」からの脱出方法は

――「家計再生コンサルタント」に聞く

専門家の助言を求めて

2021年11～12月、僕は前章で記したように既婚者合コンに2度参加した。「仮面夫婦」を選択した人たちと直に接し、逆に僕は妻との関係を諦めていないと実感した。確かに、救急車で運ばれるほどの暴力を振るわれ、借金800万円を肩代わりした。帰宅した妻に「お帰り」と声を掛けても、彼女からの返事はない。日々、成長する子どもたちの教育方針でも溝が埋まらない……。状況は厳しく、時に「離婚」という選択肢も脳裏に浮かぶ。それでも、また仲良くできるかもしれないという希望を捨てられない。

この文章を書いている22年時点で、僕らは結婚12年目を迎えている。借金問題が発覚し、ぎくしゃくしてから丸3年ほどだ。この間、夫婦間で生じたあれこれについて、僕は誰にも相談してこなかった。妻は自分の母親に逐次、報告・相談していたが、僕は全て自分で対処してきた。借金問題のことも両親に伝えなかった。夫としての至らなさを認められず、夫婦問題を相談することに抵抗感を抱いていたのだ。「男が弱音を吐くことは情けない」との刷り込みもあった。

しかし、そうした結果、夫婦関係は破綻の瀬戸際をさまよっている。現状を客観的に捉えようとするうち、疑問が生じてきた。「ひとりで抱え込んできたのは正解だったのか」。ここ1、2年、夫婦問題を扱ったネットニュースに目を通し、関連書籍を手にしてきた。情報収集としては有意義だが限界もある。夫婦関係は各家庭それぞれ。出てくるケースが僕ら夫婦にそっくり当てはまるわけではない。エッセンスを少しずつ拾い集めることはできるが、それを凝縮し、夫婦関係の改善に生かすにはハードルがある。そのため僕には特効薬とならなかった。

3年日記は「妻とのいさかい」日記

僕は21年春から、こじれにこじれた我ら夫婦の歩みを振り返る文章を書き始めた。ジャーナリストとして活動するうち、脳を一番整理できるのは書くことになっている。文字にすることで夫婦関係を見直すベースにしたいと考えた。

僕にはもともと記録癖がある。同じ日付の日記を同一ページに3年分書ける「3年日記」は、すでに5冊を超えている。当然、妻とのいさかいの様子もつけている。夫婦喧嘩が増えるにつれ、まるで「妻とのいさかい」日記となった。この日記とは別に、借金問題の発覚や救急車事件の発生時には詳細な記録をまとめている。これらを資料として都度、参照した。

通常の仕事が終わった夜9時以降から深夜2時頃まで、自宅書斎にこもった。締め切りがある執筆ではないが、来る日も来る日もさぼらなかった。スタートは、妻との出会い。猛アタックの末の交際承諾、ラブラブ期間にプロポーズへと筆を進めた。そして、人生の節目の結婚式や新婚旅行、一緒に暮らし始めてからの日々へ。この間、記録媒体を引っ張り出し、デジカメやスマホで撮った大量の写真を見返した。我ながら完璧な仕事ぶりだ。

妻はどの写真でも輝いていた。その笑顔がまぶしい分、夫婦喧嘩で「鬼の形相」となる今との落差に胸が痛んだ。産んだばかりの長男、長女、次女を抱く妻は、慈愛に満ちた表情だった。その同じ女性が僕の左肩を脱臼させていた。でも、彼女の怒りの導火線に火を点けたのは、他でもない僕だ。

夫婦喧嘩を文字で再現するのはしんどかった。一部は、ＩＣレコーダーで記録しているので聞き直した。文章の下地とするテープ起こしを始めても、キーボードを打つ手が進まない。妻の罵声も、それに対する僕の返しも、礼儀も節度もない。「大好きだよ」と言い合った同じふたりが、発している言葉とは信じがたい。

深夜のディスプレイがにじんで見え、僕は情けなさで嗚咽《おえつ》をもらす。借金問題以降の３年を記す間、毎晩のように涙を流した。それでも少しずつ書き進め、その日の区切りまで来ると、ウイスキーの水割りで脳を麻痺させベッドに向かう。時に睡眠導入剤に頼ったこともある。一日でも中断すると、心が折れてしまうのは間違いなかった。３カ月ほど、ともかく毎晩机に向かった。

そうして２０２１年夏前、僕の振り返り文章は10万字を超えた（ちなみにそれは、この本と近い文字数だ）。妻への愛を確認すると同時に、僕ら夫婦が不仲になっている原因の過半は僕にあると思い至った。51％でも過半になるが、控えめに言っても7割、やはり８割は僕のせいだ。思考は柔軟性に欠け、コミュニケーションも不足しており、愛のフィルターで妻を正視できていなかった。僕は変わる必要があると気づいた。

４つの沼

ここで、僕ら夫婦がからめとられている、４つの沼の存在を整理する。

１　金銭感覚が異なり、互いに不信感もあるため、家計管理を共同で行うことができない。結果800万円の借金問題に発展した「借金沼」。

2　テレビを見ながらの「ながら食べ」を許容するかなど、子どものしつけや習い事、学業の成績で意見が対立する「教育方針沼」。

3　理性でダメだと分かっていても、相手に手を上げる。同時に大声で罵ったり、人格をおとしめる言葉も発したりする「暴力沼」。

4　同じ屋根の下で暮らすことが嫌になり、人と人とのマナーとして大切な挨拶すら交わせない。相手の存在を無視する「シカト沼」。

これらの沼を乗り越える「知恵の橋」を築かないといけない。いくら妻を愛していようとも下半身がずぶずぶと沈んでいては、抱きしめに行くことはできない。それどころか、沼にはまったストレスで僕らはよりエキサイトしてしまう。

沼の存在に気づけたとしても、これまでと同じように自己流の対処ではうまくいかない。自らの限界を素直に認め、プロたちに教えを請うことにした。他の多くの夫婦も4つの沼で悩んでいるだろうとの確信もあった。僕が足を取られ、他の夫婦も困っている沼への対処法を書籍にまとめることは有意義に違いない。

僕は多くの人々の家計を「再生」してきた専門家に、まず話を聞くことにした。それが「家計再生コンサルタント」の横山光昭さんだ。

「家計再生コンサルタント」の問い

横山さんは、司法書士事務所勤務やファイナンシャル・プランナー（ＦＰ）としての知識、経験を生かし、08年に「株式会社マイエフピー」を設立。代表を務めながら、「現場屋」として２万４０００件以上（22年６月末時点）の家計に関する相談を受けてきた。横山さんの家計「再生」の定義はこうだ。借金があればそれをなくし、貯金ができない人ができるように、投資をしたい人ができるようにする。こうした再生実績を数字にすると、２万１０００件以上（同上）となる。

なお、相談者のうち既婚者は８割で、そのうち９割以上が共働き。年齢では30〜40代が最も多く、50代、20代と続く。

再生実績や相談者の属性から見て、僕が「借金沼」へのアドバイスをもらうのに、これ以上ない人物だ。

横山さんの著書が並ぶ、明るい応接室で向き合う。挨拶をする間、横山さんは柔和な笑みを浮かべている。「話しやすい方」というのが第一印象だ。家計再生の第一過程は現状把握のための聞き取りから。聞き上手でないと2万件以上の再生はできない。事前に企画書を送っていたが、改めて我が家が「借金沼」にはまった経緯を説明する。

「私のクレジットカードを妻が無断使用したのに気がついたのが、19年5月です。聞いてゆくと、任意整理をして800万円の借金が残ったという。あれこれ話した結果、最終的には私が借金の肩代わりをしました」

こう言った瞬間、横山さんの顔が一瞬硬くなった。そして、短く問いを発した。

「なぜですか?」

それまでずっと黙って聞いていた横山さんには相当引っかかるポイントだったのだろう。僕も丁寧に説明することにした。

「僕も原則、妻に払わせるべきだと考えて話し合いを続けました。まず、『いくら、何に使ったかの状況整理をすべき』などと伝えました。妻はやる気がなかったので平行線となる中、義母から連絡が来ました」

「妻から借金について聞き出すため、僕は『力になるから、どんな状況か教えて欲しい』と言いました。その言葉を伝えられた義母が、『力になると言ったなら、どうにかしてくれないと』と迫ってきて。妻に加えて義母ともめることは避けたく、泣く泣く全額肩代わりしたのです」

この時点でさらなる突っ込みはなかったが、横山さんの表情の変化が気になって取材の中盤、もう一度聞いてみた。横山さんは、夫婦どちらかが作った借金を配偶者が精算することには「反対」の立場だった。

「僕が経験した中でお伝えすると、借金を助けることはあまりよい方向に行かないのです。厳しい言い方に聞こえるかもしれませんが、一回、苦しんでもらったほうがいい。そうしないと借金を作った原因や自らの金銭感覚を見つめられません」

「仮に僕の妻や子どもが借金を作ったとします。債務整理をする手続き費用ならば、僕が出します。ただし、借金そのものを返すことはないです。自分で返済しないと、後でまた借金をしてしまうものですから」

「任意整理」に疑問

かつて僕が多重債務問題をかなり取材したことは第1章でも記した。20年ほど前、キャッシングとリボの危険性に加え、「借金は癖になる」と繰り返し聞いた。そうした中、「誰かに返してもらったら、また借金をする。肩代わりはダメ」との警告もあった。

先述のように、横山さんも同意見だ。横山さんは以前、借金返済に関わる書籍も執筆しており、当時は相談の2件に1件は借金絡みだったという。とりわけ多くの借金事例に接してきた経験も含め、「借金肩代わり反対」の立場を取っているのは、重みがある。

へこんだ僕は、「妻に甘いのですかね?」と聞いた。すると横山さんは「優しいのですよ。僕は冷たい(笑)」。取材相手に気を遣ってもらうのは、本来ならばNGだが、この日はありがたかった。

この取材で、へこむポイントはさらにあった。妻が借金を「任意整理した」と主張する点についてだ。横山さんは「本当にしたのでしょうか?」と懐疑的に見ている。

借金問題発覚の翌月に、僕は妻に800万円を渡している。日付は19年6月18日、19日、20日、21日。200万円ずつ4回に分けて振り込んだ出納記録が残る。このお金で妻が借金を完済したとすると、取材時点では約3年。妻はクレカで買い物をしているが、カード所持がどうも早すぎると指摘する。

「任意整理をすると、信用情報機関に登録されます。借金を返済したとしても、普通は5年から8年、クレカ所持までに間ができるものです」

今となっては、妻に確認できるものではない。「借金返済でなく、別のことに使われていたら……」。こう考えると恐ろしすぎるため、深掘りはやめる。

「自己破産するケース」

そもそも横山さんは、８００万円の借金を抱えての任意整理は、おかしいと主張する。「選択肢となりにくい。自己破産になるケースが多い」

任意整理や自己破産の最終的な手続きは、弁護士に任せることが多い。横山さんが持つＦＰ資格では実務はできないが、借金を抱えた顧客に横山さんが考え方を伝えるのはＯＫだ。そのため、ここら辺の線引きにも詳しい。

ここで横山さんは電卓を取り出し、妻の任意整理の返済額を計算し始めた。

「やり手の弁護士でも、まとめた返済期間は5、6年のはず。6年＝72カ月だとすると、ひと月の返済金額は11万円。月11万円も返せるならば、借金を８００万円も作りますか？　無理でしょう」

「奥様がついている公務員は、自己破産しても職業上の影響はない。まともな弁護士だったら、自己破産を選択させるのが本当の親切ですよ」

自己破産では、返済が全額免除となる。妻が選択していれば、僕が子どもの教育費の備えとして持ち続けていたインド株投資信託は消えなかった。こんなことを書いても、完全に「後の祭り」だが未練は残る。

「財布は一つ」の関係がベスト

横山さんによれば、借金問題を抱える夫婦のうち2割は、妻に責任がある場合だという。妻が夫に内緒で、家計の一部を借金返済に回す。せっかく、スマホプランや保険の引き下げを実施しても、「なんだか我が家は貯金できないまま」となりかねない。結局はうまくいかないことになる。

こうした事態を避けるため、横山さんは妻に借金を打ち明けるように促す。当初は、こう反応する。

「いや、言えません。離婚になると思いますので。子どもがいるから困ります」

それでも、横山さんは粘り強く言葉をかける。妻が働き続けられれば、夫に隠したまま完済できるかもしれない。しかし、仕事を辞めて、収入が途絶える場合もある。

女性の場合だと産休、育休で一時的に手取りが減ることも想定しないといけない。

横山さんの意見を受け入れ、最終的には多くの妻が夫に打ち明ける。すると、懸念したように離婚に至るのか。実は、そうなるのは1割。9割の夫婦が結婚を維持する。「『お前バカだなぁ、もっと早く言えよ』。多くの夫が妻の告白に対して、こんな風に反応します。言えば受け入れてくれるのが、夫婦ですね」

このやりとりは、「夫婦の絆」そのもの。僕は妻から借金800万円を告げられた時、「もっと早く言えよ」とは反応できなかった。横山さんからは「優しい」と言われたが、違うのかもしれない。人間としての度量に欠けているのだろうか。

話を借金から夫婦の財布のあり方へと移していこう。

総務省の労働力調査（21年）によると、共働き世帯1247万世帯に対し、専業主婦世帯は566万世帯。倍以上の差となっている。この共働き世帯の増加と共に、家計では「夫婦別財布」が増えている。僕ら富岡家もそうだ。

この管理方法では、自分が主に支出する項目は自分で担い、共通項目は折半、もしくは項目ごとにどちらが負担するかを決める。残ったお金は、それぞれに貯金だ。お互いの自由度は高いが、相手の財布事情はつかめない。貯金に関して言えば、「相手がやってくれているだろう」と甘えが生じやすい。

横山さんはこの「夫婦別財布」は、「貯まりにくい」と考えている。

「家計を同じにする、『夫婦同一財布』のほうがいいと思います」

ここで、架空の根本家に登場してもらおう。夫・根本巖さんの手取り月収は30万円、妻・根本美由紀さんも同じく30万円。それを合算し、根本家の月収を60万円とする。ここから、巖さん、美由紀さんが、それぞれに使う「お小遣い」を引く。この時、何をお小遣いとするのか、きちんと決めるのが大切になる。

飲み会代は、お小遣いに含めるのに納得しやすい。では、クリーニング代や昼食代はどうか。そこを擦り合わせる。

巖さん、美由紀さんは各自のお小遣いを5万円として折り合えた。ふたり分10万円を引くと、残りは50万円。仮にその2割となる10万円を老後資金に向けた貯蓄にあてると、根本家として使える金額は残りの40万円。子どもがいれば、その教育費が出ていく。必要項目を洗い出しながら、何に重きを置くか夫婦で話し合う。「食費は重視しよう」「たまのレジャーは外せない」。最終的にどう分配するかは、夫婦ごととなる。

収入格差がある場合の家計管理

根本家のように、夫婦が同程度の収入で同程度のお小遣いを望む場合は、すんなり進みそうだ。「そんなものにお金をかけるの？」という項目があっても、「総額が同じだから仕方ないか」と妥協できる。しかし、次の丸山家のように収入格差、お小遣い格差があるとハードルが高くなる。

夫・丸山武さんの手取り月収は60万円。妻・丸山由香さんは、同30万円。武さんのほうが倍の収入があるが、武さんは「お小遣い5万円でやっていける」。ところが、半分の収入の由香さんは「仕事柄身なりに気を遣うし、交際費も確保したい。10万円ないとやっていけない」と主張する。

丸山家についての、僕個人の見解はこうだ。「由香さん、収入半分なのにお小遣い倍はないよね。5万円に節約して、収入が増えてから10万円にすべきでは」。僕は、横山さんも同意見と想定していたのだが、実際は全く違った。

「収入の開きとお小遣いの額は関係ありません。由香さんがいくら必要なのかが大事。丸山家は夫婦合わせると月90万円の収入がある。夫婦のお小遣いが15万円で収まるのだったら、やっていけます。そのため必要額を由香さんも取って平気です」

「由香さんが20万円使って、武さんが2～3万円だと話が別となりますが、そうではない。ここでは武さんが納得できるかが決め手となりますね」

「夫婦同一財布」のイメージを読者もつかめただろうか。

しかし、これまで別財布だった夫婦が、同一財布に切り替えることはそう簡単ではない。横山さんが実施する家計再生コンサルでは、「完全に分離している夫婦の財布は、少しずつ重ねていく」のだそうだ。

例えば先の根本家が別財布だったと想定すると、第1ステップではお互いの月収30万円のうち5万円分だけを重ねる。10万円が合算部分だが、25万円は巌さん、美由紀さんがそれぞれ管理する。この時、重なった部分の支出用の銀行口座を決めると便利だ。さらに、次の段階では各自の月収10万円分を重ね、合算部分が20万円、各自管理が20万となる。ここまででうまくいったら最後は全部を重ねる。

家計の再生完了まで、相談者は1年間で8回ほど横山さんの元に通う。この間、少しずつ同一財布にするイメージだ。これができれば、自分の家の収入と支出が夫婦どちらも見えている。貯める道に近づける。

家族マネー会議のすすめ

同一財布への過程では、夫婦間での話し合いが必須だ。横山さんの家では、月1回ほど「家族マネー会議」を開くという。そこには子どもも参加し、「この支出もったいなくない？」と率直な意見を交わす。子どもが小さければ、夫婦だけでもちろん構わない。月1回が無理なら、2、3カ月に一度でもよさそうだ。

実践に向けては、コツがある。相手を責めない、命令しないことだ。「お前、こんなに金使って、ダメじゃん」「あんたの小遣い減らせよ」。こんな言葉では、マネー会議にならない。家庭内での会議だが、むしろ仕事と同じぐらいの意識で臨みたい。

さらに、あくまで相談ベースで進めるのが重要だ。「ねえ、どうしたらいい？　うちの保険は月3万円だけど、1万円にして2万円を投資するのもありじゃないかな」。穏やかに前向きな提案ができれば、夫婦共に心地よい。中身が充実してくる。僕はそんな穏やかなやりとりを、まるで夢のようだと思いながら、横山さんの話を聞いた。

しかし、「待てよ」という思いがよぎる。夫婦それぞれのマネーリテラシーは異なる。より詳しいほうが主導権を握ることにならないだろうか。

例えば富岡家。借金に走る妻は、残念ながら支出管理も緩い上に、家計簿も継続してつけられない。一方の僕は、家計簿アプリを導入したり、エクセルで支出を記載したりしている。さらに、iDeCo（個人型確定拠出年金）やＮＩＳＡ（少額投資非課税制度）を満額使い倒す。その他、余剰資金ができると株式投資や暗号資産にも振り分けている（近い将来、マネー実践本も出したい）。YouTubeで日夜、関連情報も収集しており、マネーリテラシーは高いと自負する。

こんな妻と僕のマネー会議が成り立つのか。不安を口にすると、横山さんは言った。

「配偶者のどちらかが一方的に高い位置にあると、相手の腰が引いてしまいます。だとすると、下りていってあげればいい」

確かにそうだ。上下があったままでは、上が下に意見を押しつけることになる。僕には「下りていく」という発想がなかった。

取材の最終盤、夫婦の金銭感覚のずれについて横山さんに聞いてみた。かなり節約志向でケチの部類に入る僕と、あればあるだけ使いたがる妻。コンビニでの買い物を避けている僕と、「〇〇プレミアム」がお気に入りの妻。家族での外食は少なくしたい僕と、日曜日の朝から子連れでファミレス朝食を楽しみたい妻。我が家は結婚10年超で、これぐらいの開きが出ている。

「結婚当初はそんなに違わなかったのが、結婚期間が長くなると差が出る傾向にあるように感じますね。それは『あの人に任せればいい』となってしまうからでしょう」

例えば貯金意識が高い「貯まる系夫」と「貯まる系妻」が結婚したとする。最初はふたり共貯金に励んでいるが、結婚生活が5年、10年と続くうちに、一方が貯める人、他方が使う人となってしまう傾向があるという。随時、マネー会議を開催しながら、ふたりの考え方の格差を埋めていかないと、貯める同士の夫婦ではいられない。

妄信せずに、会話を重視する

我が家を振り返ってみよう。新婚時代は「貯まる系夫」と「貯めにくい系妻」だった。意識して話し合いができていれば、妻が「貯まる系妻」になる可能性はあった。ところが、その部分をさぼったことから「貯まる系夫」と「貯まらない系妻」（いや、切り崩す系妻か）になっている。妻は僕に頼り切り、貯金意識がほぼない。差が開いた典型例だ。

僕が話し合いの意識を持てなかった原因に、自分の親をロールモデルにしたことがある。多くの人が自分の親を参考に、時に反面教師にしながら生きていく。僕の両親は「貯まる系夫」と「貯まる系妻」だ。教育費以外、財布のひもは常に固め。その息抜きとして、年1、2回の旅行はそこそこ奮発。投資はしないものの、節約ができる。高度経済成長期に自動車大手でサラリーマンをしていた父と主にパートの母だったが、家を2軒建てた。最初の家を手放さず、家賃収入をずっと得ている。

19年5月の借金発覚前、僕は「貯まる系妻」と結婚したと妄信していた。しっかり者の母親の元に生まれた「貯まる系夫」が選んだ相手だ。妻も僕、父、母と同類と認識していた。

「はじめに」で、僕と妻が出会った合コンについて触れた。リクルートスーツで登場した後の妻は、別に節約志向ではなかった。単に本当に金欠だった。そして、お金があれば、いやなくても、欲しい物は買いたい女性だった。

僕は分かっていなかった。この章の序盤で、「愛のフィルターで妻を正視できていなかった」と書いた部分が、これに該当する。「貯めにくい系妻」だと最初から認識できていれば、僕ももっと違ったアプローチができたはずだ。意識して調べたら、横山さんの存在をもっと早く知ることができた。住宅ローンを組む前にマイエフピーに通えば、妻の協力姿勢も違ったはずだ。

子どもたちは日に日に大きくなっていく。その分、食費、教育費の負担が高まる。長男が中学受験となれば、小学6年時の塾代がかさむ。横山さんへの取材時、同席した社員から「うちに来ますか？」と言われた。冗談として、みんなで笑ったが、実は「あり」の選択だ。

当面、「家族マネー会議」を開催できるよう努めてみる。何もしないで家計を沈没させるわけにはいかない。それが無理なら、家計再生コンサルタントに頼りたい。

横山光昭（よこやま・みつあき）

家計再生コンサルタント。株式会社マイエフピー代表。お金の使い方そのものを改善する独自の家計再生プログラムで、家計の確実な再生をめざし、個別の相談・指導に高い評価を受けている。これまでの相談件数は2万4000件を突破。書籍・雑誌への執筆、講演も多数。著書は、シリーズ累計90万部超の最新作『貯金感覚でできる3000円投資生活デラックス』、『年収200万円からの貯金生活宣言』を代表作とし、著作は162冊、累計360万部となる。

第5章 子どもの将来も食い違う「教育方針沼」

――評論家は「むしろ幸運」と言うが

子どもの教育関連が一番の課題

メディアの定番ニュースに季節モノがある。「桜の開花宣言」や「紅葉迫る」「ついに初雪」など。相撲の番付に倣うと、この自然関係が横綱だ。他にも2月14日のバレンタインデー、7月7日の七夕、12月24日のクリスマスイブなど広く知られた日も、毎年必ず取り上げられる。こちらは大関というところか。

これらに続く、小結に「〇〇の日」がある。記事を執筆する時、書き手はこれら記念日を絡めるとまとめやすい。読者の目にとまるし、前文が引き締まるからだ。僕も5月9日の「アイスクリームの日」を狙い、アイスネタを出したことがある。この本の主テーマである、夫婦についての記念日もある。11月22日の「いい夫婦の日」だ。「〇〇の日」に絡めて、各種アンケートが実施されることも多い。「NPO法人ファザーリング・ジャパン」の名前を一度は聞いたことがないだろうか? 日本最大級の父親支援団体だ。そこが運営する総合子育てポータルサイト「パパしるべ」は2021年11月、「夫婦の本音調査アンケート」を実施している。

Q　今、夫婦が直面している課題はなんですか?（複数回答可）

A　1位　子どもの教育関連（18％）
　　2位　仕事関連とお金関連（共に14％）

Q　中でも、最も解決の必要性が高い課題はどれですか？
A　1位　子どもの教育関連（27・8％）
　　2位　家族・夫婦のコミュニケーション（13・9％）
　　3位　仕事関連とお金関連（共に11・1％）

回答者は、「公式LINE『パパしるべ総研』」のメンバー。属性は書いていないが、恐らく父親が多いだろう。メンバーとなり積極的に情報収集をしていることから、いわゆるイクメンが多いと推測する。

別の調査に当たってみよう。コロナ禍まっただ中の20年8月に集められた、「3歳から6歳の時期の子育てに関するアンケート」（実施者は「株式会社くらしにくふう」＝22年4月にロコガイドと合併）。

問いの一つが、「コロナ禍によって子育ての上で、悩むことや困ることは増えまし

図8　今、夫婦が直面している課題はなんですか?

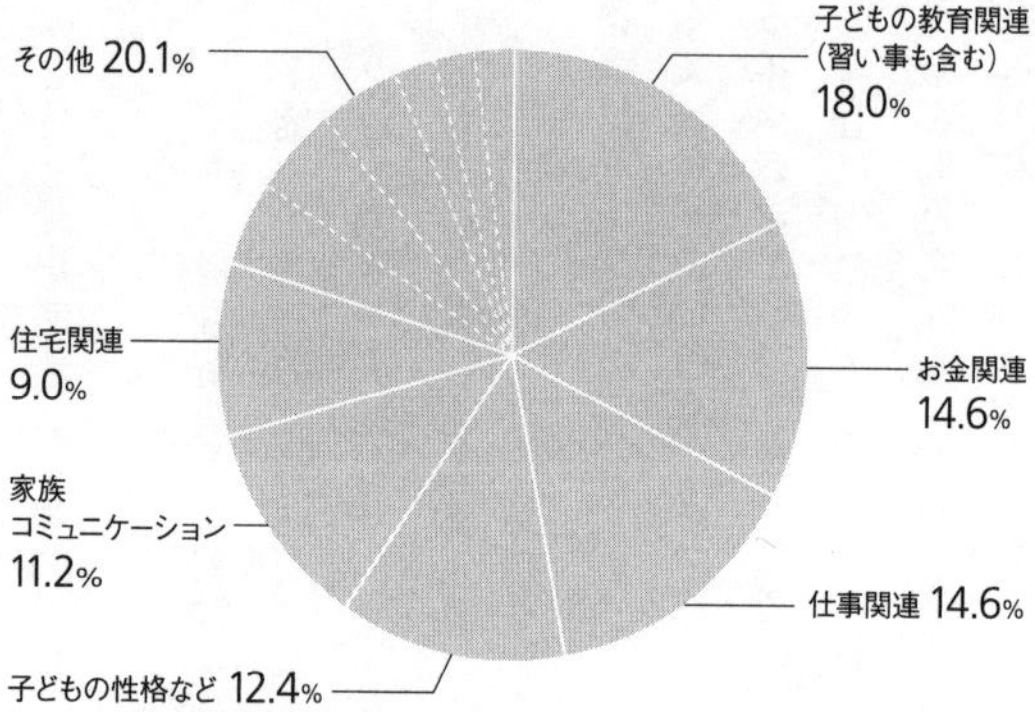

出典:「夫婦の本音調査アンケート」(パパしるべ、2021年11月)
注:筆者が主要回答のみを抽出し、並び替えた

たか?」。217人から回答があり、「はい」が70・5%、「いいえ」が29・5%。

続く質問では、何に困っているかを尋ねている。「とてもあてはまる」が多い順に、1位は「子どもが感染したらと思うと不安」(47・5%)。同率2位(38・7%)として、「なかなかお出かけができないので、子どもがつまらなそう」と、「家で過ごすことが多く、テレビや動画(スマホ、タブレット)、DVDの視聴時間がとても増えている」が入っている。

一つ目のアンケートからは、コロナ禍で過ごすイクメンたちが子どもの教育で困り、どうにかしたいと考えていることが分かる。さらに二つ目からは、その問題の一つにテレビなどの長時間視聴が該当していると言えそうだ。

富岡家の大型テレビ導入問題

実はこの問題は、我が家も同じ。ただし、その原因は、巣ごもりで自宅にいるからではなく、最新型の大型テレビが導入されたためだ。

番組の録画、ＤＶＤ・ブルーレイの使用に加えて、インターネットに接続し外部コンテンツへのアクセスもできる。無料のYouTubeだけでない。妻が契約し、Amazon Prime videoとDisney+も、視聴できる。次々に番組を変えられ、飽きることなく無尽蔵に見続けられる。僕も妻も止めているが、子どもたちの視聴時間をコントロールしにくくなっている。

20年9月に妻からはたかれて左肩が脱臼して搬送された「救急車事件」も、このテレビと関係がある。より正確に記すと、事件の発端はテレビ台を巡る争いだった。「はじめに」でも軽く触れたが、改めて詳述していこう。

あの日の夜、取材から帰宅すると、横幅１５０センチ、奥行き40センチ、高さ47

図9　中でも、最も解決の必要性が高い課題はどれですか？

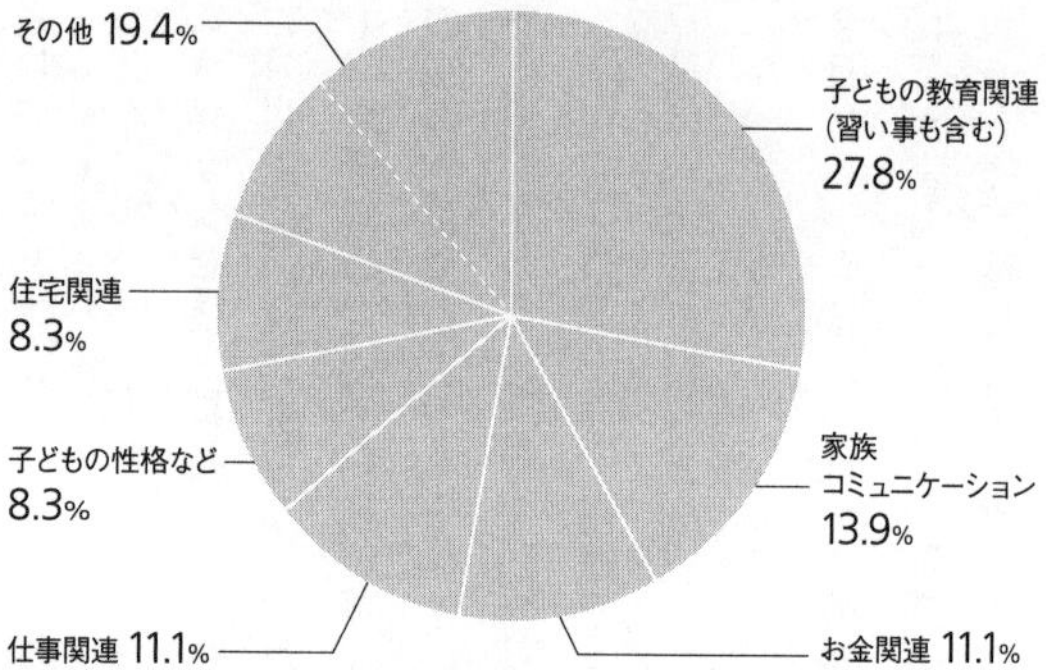

出典：「夫婦の本音調査アンケート」（パパしるべ、2021年11月）
注：筆者が主要回答のみを抽出し、並び替えた

センチのテレビ台が我が家に突然、運び込まれていた。上にはテレビはなかったが、妻の行動パターンからして、台相応の大型テレビが運び込まれることは明らかだった（事実、後日届いた）。我が家にはすでにポータブル型テレビはあった。15インチで、持ち運びできるタイプ。僕は十分だと考えていたが、妻子は不満だった。

妻は食事中も、テレビをつけっぱなしで平気だ。長男・悠馬やその下の娘たちも、それが習慣になってしまった。子どもたちはアニメ好き。「それいけ！アンパンマン」や「クレヨンしんちゃん」を録画している。日曜の午後6

時台は「ちびまる子ちゃん」と「サザエさん」の放送がある。こうした録画や放送中の番組を流す。

その頃の長男は箸の使い方もままならず、娘たちはスプーン、フォークを何とか使えるレベル。テレビがついているとそちらに気が向き、食事に集中できない。食べこぼしが多くなる。箸やスプーン、フォークの使い方も教えられない。そのため僕は、テレビをつけながら食事する、「ながら食べ」を悪習と捉えていた。

15インチサイズは確かに小さいが、見にくいことから子どもたちの視聴時間が短くなる利点もあった。また、テレビ番組の視聴以外の機能も限られていた。録画とDVD・ブルーレイの再生のみ。ネット経由での外部コンテンツへの接続はできない。

前向きになった矢先に

子どもたちは成長するにつれ、大きなテレビを欲しがった。特に長男は、遊びに行った友人の家の大きなテレビをうらやましがる。彼らの希望を全面的にかなえたいと考える妻は、それに賛同。大型テレビを導入するか否かが、富岡家の最重要検討課題の一つになった。

僕も全面的に反対なわけではなかった。妻と話し合いを持つたびに尋ねた。

「美和ちゃん、テレビを大きくするのはいいよ。けど、『ながら食べ』はやめられない？」

答えは、毎回決まっていた。「そうするようにする」。けれども、実際のところ、食事時にテレビのスイッチが消されることはなかった。

悪習は改善されそうもなかったが、「15インチは子どもたちの目にマイナス」という妻の主張に一理を感じた。次第に大型テレビの導入に前向きになった。そして、20年9月に入ると、どんなテレビにするかネット検索を始めていた。

その矢先、妻が勝手に買ったのだ。話し合いできちんと方向性を出さないまま、一方的に物事を推し進める。そんな「既成事実による強引な突破」は、僕の毛嫌いすることの一つ。家庭でそれをやられ、黙っていられなかった。最初は穏やかにテレビ台を購入した理由を聞いた。それが口論→脱臼→救急車という展開になってしまった。

しつけへの感覚は、育ってきた家庭環境でかなり異なるだろう。皆さんは、テレビをつけながら食事をする「ながら食べ」には、どんな意見をお持ちだろうか。やはり妻支持派が過半を占めるのだろうか？

子へのしつけを注意＝妻への非難？

ながら食べへの注意だけでなく、僕は家庭内で「ちょっと口うるさいオヤジ役」を買って出ている。

長男に対しては、「悠馬、おしっこは座って済ませようね。どうしてもトイレ回りが汚れるから」。長女には、「美希、ご飯を食べる時、『ぴちゃぴちゃ』しないように。一緒に食べている人が気持ちよくないから」。こう小言を言っている。

理由はこうだ。社会人になった長男に彼女ができたとする。家に遊びに行って、立って小用を済ませる。知らず知らずのうちにトイレ回りを汚したら、彼女からの点数が下がるだろう、と。長女が大学生になってデートに行く。彼との食事の際、『ぴちゃぴちゃ』と音を立てる。彼からの交際申し込みがなくなるかもしれない、と。

子どもたちが損をしないように、外で恥をかかないように、マナーを守れるように……。僕と妻では、僕のほうが細かい事に気がつく。妻は仕事と食事準備、子どもとの会話で毎日忙しい。父母ふたりいるのだから役割分担してしかるべきではないか。

しかし、妻はこうした注意や小言を「自分への非難」と捉える。彼女の頭の中では、子どもが何かを言われる＝自分ができてないから、となってしまう。そして、僕がしつけのためにと口を開くほど反発する。

しかも、こうした対立は、勉強や習い事でも生じる。

長男（小学4年）は中学受験に強い大手学習塾に通い始めてから1年ほど、テストの成績順で決まるクラス分けで下位層にいた。きちんと努力して上のクラスを目指すべき僕vs通っているだけで偉い、そのうちクラスは上がれる妻、となる。

22年春は長女（小学2年）の習い事であるチアダンスでもめた。指導者が全国大会で上位に入るため、今の週2コマのチアレッスンに加え、ダンスレッスンも受講して欲しい、と要望した。小学校低学年なのだから、いろいろな習い事や経験をさせたほうがいい僕vs長女が希望しているチアのみでよい妻、となった。

しつけを含めた教育方針で対立するたび、僕ら夫婦の関係は悪化する。

僕はこの「教育方針沼」から脱する術《すべ》を知りたくなった。ネットリサーチから始めると、「『夫婦間で教育方針が違う』のはむしろ幸運だ」との記事を見つける。掲載媒体は、ニュースサイトとして存在感を持つ「東洋経済オンライン」。書き手は、教育デザインラボ代表理事で教育評論家の石田勝紀さんだ。

オフィシャルサイトには多数の著書が紹介されていた。さらに母親たちから子育ての悩みを聞く、「Mama Café」（ママカフェ）を開催していた。ママたちの生の声を聞いているなら、妻との折り合い方について有益な意見を聞けるのではないか。こう考えて企画書を送付すると、ＯＫが出た。ある平日の午前、指定された喫茶店で取材した。

教育方針が違うのは、本当に幸運？

挨拶の後、まずは石田さんの日頃の活動を尋ねた。

取材前に注目したママカフェの開始は、16年４月。東洋経済オンラインの記事に反響があり、生の声を聞きたいとオフ会のような形で開いたのが最初だ。母親４人が参加し、「次はいつですか？」と言われるほど盛り上がる。以後、開催を続け、21年はオンラインで４００回ほど実施。これまで延べ１万人以上の母親と向き合ってきた。

ある教育関係者はママカフェを視察して「温泉のようですね」と感想を漏らしたという。快適な場だからこそ続いているのだ。石田さんは、こう自負する。

「恐らく、この数のレベルでママと直接話をしているのは、日本で私しかいないかもしれません」

母親の教育面での悩みに精通していることはもちろん、日本の教育自体にも詳しい。

20歳の時に学習塾を起業してから30年以上の経験を持つ。

僕は、取材の契機となった記事について確認をすることにした。18年5月配信の記事には、以下の記述がある。

「多くの場合、夫は子育て・教育には関心が薄く、ほとんどママさん一人で対応されている」

イクメンという言葉が定着して久しい。厚生労働省「雇用均等基本調査」によると、20年の民間企業に勤める男性の育児休業取得率は過去最高の12・7%。女性81・6%と比べるとまだまだ低いが、19年比ではプラス5・2ポイントとなった。それまでの1ポイント程度の上昇率から、大幅増だ。男性の育児参加意識も昨今、高まっているのは間違いない。こうした背景を念頭に尋ねた。

「記事が配信されてから4年、子育て・教育を『ほとんどママさん一人で対応』されているのは、変わっていませんか」

「一般論としてですが、変わっていません。ママとパパで比べると、子どもに接している時間は圧倒的にママが長いまま。子どもに接する時間が逆転しない以上、この構図は変わりようがない」

石田さんは続ける。

「もし、一任ではないとしても、主導権はママ。それをパパが追認します。夫婦間にもパワーバランスが生まれ、どちらかが強くなり、その片方が弱くなる。強い者同士だと残念ながら別れにつながる可能性が高いですから」

すると、富岡家のように教育面でバチバチにぶつかり合っている夫婦は、さほど多くないのだろうか。

「少数派の部類ですが、一定数はいますよ。中学受験の保護者向け説明会に参加するパパは増加中です。パパの意識が変わってきているから、教育熱心なパパは徐々に増えるでしょうね」

「また、主導権のあるママが、『うちのパパは何もしてくれない』と不満を持つこともある。パパからしたら、『余計な手出しをしたら、ママ怒るでしょ』なのですが。ママの不満が爆発しない術を、パパも知っておいたほうがいいです」

石田さんへの取材の意義を再認識した後、さらに記事の疑問点を聞いた。

江戸時代から変わらない、ぶつかる4大テーマ

東洋経済オンラインの記事では、夫婦でぶつかるテーマを4つに分類している。

1　習い事をたくさんやらせるか、やらせないか
2　小学校受験や中学校受験をさせるか、させないか
3　ゲームやスマホを持たせるか、持たせないか
4　小さいときは幅広い経験が必要だと思っているか、まずは勉強が大事と思っているか

こちらも記事配信から4年間での変化の有無を聞いてみた。石田さんは即答する。

「一緒ですよ。4年間で変わらないどころか、江戸時代から変化がない。3のゲーム・スマホはなかったから、例えば泥面子《どろめんこ》とかでしょうか。要は親が子どもにどう対応すべきかを学ぶ機会がなかった。そのため、分かっていない親が再生産され、夫婦がぶつかり合っています」

それほど、時代をまたぐ問題なのだ。富岡夫婦は、2のみ一致している。小学校受

験は考えないが、中学校受験はさせるつもりだ。1の習い事は、先に記した通り。3は、僕はゲーム・スマホを持たせたくない派だが、妻は長男に勝手に買い与えた。そして、案の定、「ゲームやめなさい」「スマホ置いて」と妻が長男に怒鳴っている。

4は、妻に比べると僕のほうが「勉強が大事」と考えている。僕も「幅広い経験が必要」との認識はある。長男・長女には長野県で開かれるサマーキャンプやスキー合宿に参加させている。ただし、軸足は勉強に置いておきたいし、塾では上位クラスにいる努力をすべきと考える。

「夫婦は修行、人間レベルを高めるための行」

先述のように、石田さんはこうした夫婦間のギャップを「むしろ幸運」と捉える。苦労している僕は折々、「同じ考えの妻だと楽なのに」とへこむ。しかし、違いは「子どもの選択肢にオプションを持たせることにつながる」と石田さんは力説する。

仮に夫婦共、都会育ち、中高一貫校の卒業生だったとする。すると、先の2「中学校受験をさせるか、させないか」では、「させる」一択となろう。ところが、地元の公立中に進学させたほうが、子どもが伸び伸びできる場合もある。

この時、夫は都会育ち、中高一貫校の卒業生、妻は地方育ち、中高共に地元の公立のカップルだとどうか。公立中への進学を検討する割合は高まりそうだ。

「夫婦の教育方針が違うことは、多様なものの見方ができる環境にあるということです。それを生かすためには、夫婦共に精神的に大人になること。お互いの価値観を認め合う。そして、パパの道、ママの道に次ぐ、第三の道を見つければいい」

もし、第三の道が無理ならば、夫と妻がそれぞれ提唱するプランを、一定期間試す。夫プラン、妻プランを2週間ずつ実施。その後、子どもにどちらがよかったか聞く。両方共ダメならば、再度、第三の道を探る。

石田さんのアイデアを聞く間、僕は「なかなかに骨が折れる過程だな」と感じていた。すると考えが顔に出たのか、石田さんが言葉を続けた。

「夫婦は修行。人間レベルを高めるための『行』なのですよ。ハハハ」

僕がこの域に到達するには、もっともっと時間と経験が必要だ。今は、現実的な対処法、思考法を学びたい。

今度は、石田さんがママカフェから垣間見る夫婦問題について聞いてみる。

「子どもの問題を相談に来るママの3人にひとりが、夫婦の問題をバックグラウンドに持っていますね」

石田さんは、普段は子どもにフォーカスしたいため、夫婦関係には立ち入らない。しかし、ママの言葉の端々から、子育て・教育面では主導権を握っても、日常生活ではパパが威張っている様子がうかがえるケースもある。

とある家庭の夕食時。テレビを見ていた夫が、妻にこう言う。

「お前、早く料理を作れよ。時間だろう」

妻は「ごめんね」と言いながら台所に向かうが、内心は「こんちくしょう」かもしれない。この夫婦が子どもにスマホを持たせるか否かで、大喧嘩する。きっかけはスマホ問題だが、背景に夫婦のコミュニケーション問題があるのは明らかだ。

「夫婦で認め合え、日々、話ができて信頼関係がある。だとすれば、教育方針でぶつかったとしても、そこまで荒れません。普段、どちらかが我慢する状況にあるから、ドンと衝突するのです」

マルチタスク型VSシングルタスク型

この分析には、思い当たる節がある。テレビ台でもめた伏線には、その前年に起きた借金問題からのぎくしゃくがあった。それに、コロナ禍での在宅ストレスが重なっている。妻は僕との生活に息苦しさを感じている。それが、教育問題で爆発する。

それにしても、どうして夫婦はこんなにも相容れないものなのか。石田さんは、そんな存在だからこそ惹かれ合って、結婚したと答える。

「そもそも夫婦は、自分と異なるタイプの人と結婚している可能性が高い。自分にないものをあこがれとして持つから。磁石はN極とS極がくっつきます」

「ところが結婚してからは、同質を求めてしまう。本来は、物事に気づくタイプと気づかないタイプの組み合わせでバランスが取れているはずなのに。『何で、あんたは何も気づかないの？』と相手にいら立つ。これではトラブルが起きます」

石田さんによれば、行動・価値基準の違いを元にした二つの分類があるという。一つ目は、「マルチタスク型」。比較的なんでも満遍なくこなせる人で、一点への集中でなく分散タイプ。行動・価値基準は「損得」に置く。無駄が嫌いで効率化を求めるため、方法論、やり方、ノウハウ、スケジュール管理を好む。

もう一方が「シングルタスク型」。一点集中タイプで、周囲が見えなくなるほど一つのことに没頭する。行動・価値基準は「好き嫌い」。好きなことは徹底してやるけど、それ以外は後回し。好きに「知識」が入ると、勉強面でも大いに成果を出す。

石田さんは、夫婦ではマルチとシングルの組み合わせが多いと見立てている。

この分類に寄せると、富岡家は僕がマルチで妻がシングル。僕は毎晩、おふろ上がりのストレッチをしながら、床に落ちた髪の毛を拾っている。妻は一度、料理をし始めると、話しかけてくる子どもにイラッとしがちだ。また、スーパーでの値引きシールが貼られた商品が大好きな僕に対し、妻はコスパ度外視で、味を求める。

石田さんはさらに「例外はある」としながらも、男女のある違いに触れた。

「ママさんたちは感情、感覚、雰囲気をすごく大切にします。それに対し、男性は理屈。かつて、ママさんに頼まれて、パパカフェをやったことがありますが、会社の会議のように一人ひとり報告するだけ。ママカフェのように共感の言葉もなく、盛り上がらない。パパカフェは２回で終わりました」

こうした男女差を考えると、妻との会話で夫は次のようにすべきとなる。

「ママカフェで私は、『そうだよね』『そうなるよね』とママさんの話を聞きます。実際にそう思ってもいる。ところが、身内の妻に対しては共感の言葉が出ないことがある。理屈で返して、失敗する。だから共感から会話に入り、後ほど理屈を受け入れてもらえるように順番には気をつけます」

伸び伸びママと、努力の昭和型夫のぶつかり合い

この「共感ファースト・理屈セカンド」を、僕はかなりできていない。いや、全くダメだ。「はじめに」で引用した「嫁入新聞」でも、妻は結婚当初から僕に警告を発している。

「文句や小言が多い。私の行動にいちいち理由を聞いてきたりもするし、たまに『めんどうくさい』って思う」

記者会見で曖昧に答える相手を理詰めで追い込む。論理立てて文章を書く。こんなジャーナリストの仕事を20年超やってきた。妻との会話では、理屈っぽさをよほど改めなければダメだったろうに、全く取り組んでこなかった。

また、石田さんによれば、石田さんの記事や書籍などで情報収集している妻たちは、子どもを伸び伸び育て、個性や長所を伸ばしたいと考えている。受験に関しては、「そんなにガチガチにやる必要はない」とのスタンスだ。

となれば、このタイプの妻と「気合、根性、努力の昭和型を押しつけるパパは当然

ぶつかります」。その夫は難関校の出身だったり医者だったりと、彼らなりの成功体験がある。そのため「子どもが算数ができないなら、『俺が教えてやる！』としゃしゃり出るのですが、喧嘩になるのがオチです」。

石田さんは、こう説明する。

「人材育成の最大原則は、短所をいじらず、長所を伸ばす。自覚しにくい長所を伸ばすと、自覚しやすい短所を自ら是正する。人材育成のプロはみんな知っていますが、なぜか家庭に普及していません」

昭和型価値観の夫は、時代遅れだ。「気合、根性、努力でも、そこそこは上がるけど、子どもたちは辛いからやめてしまう。すると元に戻る。持続しにくいのです」

なるほど、この指摘は僕に思いきり当てはまる。

意思決定はせず、情報収集役に徹する

僕は地元の最難関私立高校と都内の有名私大を卒業している。東大卒や海外校卒も視野に入れると、もっとピカピカの経歴の社会人は星の数ほどいる。そのため、自意識には全くないが、時に「エリート」扱いされる。居心地の悪さを覚えるが、そう見てくる人たちもある程度はいる。

長男が園児だった頃、僕も算数を教えようとした時期があった。反発され、2週間で終わった。この反省から、彼の塾での成績が伸びなくても、自ら教えることはしなかった。つてをたどり、中学受験経験者の大学生を探し出し、面接を経て、家庭教師として採用した。今のところ、この作戦は功を奏している。

昭和50年代生まれの僕には、昭和型価値観が強く残る。石田さんの話を聞けば聞くほど、自らの過ちが暴かれていく。では、どうしたらいいのだろうか?

「教育に関心があって、ジャーナリストならば、情報収集役に徹すればいい。主導権は奥さんに委ねるから、意思決定者にはなりません」

「奥さんに『こんな情報をもらったのだけど、どうしようか』と報告するスタンスにとどめる。奥さんだって、本来ならば情報収集するご主人は助かるはずですから」

僕は幼少期から母親に「あなたに残せる遺産はない。だから、教育だけはしっかり授ける。出し惜しみしない」と言われて育った。僕が出た私立高校や私大は学費が高い。しかし、要返済の奨学金に頼る必要はなかった。やりくりしてくれたお陰だ。

妻も教育の大切さは理解している。教育関連の新しい書籍を読んでもいる。だとすると、主導権を持たせる選択肢もあるのだろうか……。

プロも妻に任せるのに……

迷いが顔に出たのだろう。石田さんが、ご家庭のことを語り始めた。

「うちには高校3年生と中学3年生のふたりの息子がいます。『勉強、教えて』と言われたら応じますが、そうでなければ何もしません。押しつけになるから。勉強も含め、子どもの教育は妻に任せています」

「時に妻に情報提供はします。オプションを一つから二つにしたほうがいい場合もあるので。それ以外は、子どもとの雑談を楽しんでいます」

石田さんは、教育関係の書籍を多数執筆し、ママの子育ての悩みに日夜答えている。教育分野では、プロ中のプロだ。お茶の子さいさいで子どもの勉強を教えられるし、奥様の何倍もの教育情報を持っている。それでも、「自分の子どもに接している時間は妻のほうが長い。子どものことをよく知っているのは彼女」と、妻を立てている。その態度は、実に潔い。

かたや僕はどうか。自分が惚れて、口説いた妻をどれほど信頼できているのか。些細な受験体験や薄っぺらいプライドから、教育に固執しているだけではないか。

富岡家でも子どもと接している時間は、圧倒的に妻が長い。妻は平日は朝2時間、帰宅後4時間、休日はべったり半日は子どもと過ごす。計算してみると、週54時間になる。かたや僕は、保育園のお迎えや習い事の送り迎えを含めても平日は1、2時間ほどで、休日もさほど変わりない。妻の5分の1ほどだ。穴埋めとして、子どもを連れて実家に泊りがけで遊びに行くこともある。ただし、それも頻繁とは言えない。

取材開始からほどない頃、石田さんは「子どもに接している時間は圧倒的にママが長い」と話した。我が家も、その通りだ。

接している時間に比例するかのように、子どもたちは妻を慕う。小学生になった長男、長女も含め、子どもたちはいまだに全員が「ママ、ママ」と彼女を取り合っている。その絆の強さから、子どもたちの個性、長所を感覚的に把握しているに違いない。

石田さんご自身のこの話を聞いてまで、「それでも僕が主導権を握ります」とは、とても言えなかった。そもそも妻とは競い合う関係でもないのに、主導権と考えること自体、発想が間違えていよう。

ほどなく、約束した取材時間を超えた。お礼を言って別れ、喫茶店が入ったビルの外に出る。爽やかな快晴で、通り抜ける風が心地よかった。歩き始めると、僕は一つの決断を下した。

「教育のこと、妻に任せてみるか」

大喧嘩するほどこだわっていたが、不思議と寂しさを感じなかった。むしろ、いくばくかの肩の荷を下ろし、足取りが軽くなった。

石田勝紀（いしだ・かつのり）

教育家。一般社団法人教育デザインラボ代表理事。都留文科大学国際教育学科元特任教授。20歳で起業し学習塾を創業。これまで5万人以上の生徒を指導。現在は1万人のママさんが参加したMama Caféを主宰するなど子育て・教育情報を発信している。『東洋経済オンライン』連載（累計1.1億ＰＶ）。著書は『子育て言い換え事典』など合計21冊出版。音声配信Voicy「Mama Caféラジオ」パーソナリティ。

第6章

増える妻から夫への「暴力沼」

——加害者更生プログラム主催者に聞く

些細なことでグーパンチ

「賠償金を払ってもらうからね。あんたのことは、みんなで憎んでやるからね。地獄の果てまで、本当に。あんたを地獄に送り込むまで恨んでやるからな」

「あんたがいることで、幸せになれるか考えてください。このやろー。そう思っているのが、自分の支えなのだろうが、誰も思っていないんだよ。あんたについていく人なんていないんだよ」

「完全に間違ったよ、こんな人、もう。くっそ、もう。本当にこの人はダメだ」

2021年2月のある平日午後、僕は妻・美和から、罵声を浴びせられていた。怒髪天を突くような鬼の形相で、口調も普段の3倍速。時に床をドンドン踏みならし、身ぶり手ぶりが激しい。

人をおとしめる言葉を連発する様子は、怒りの精霊に捕らわれたか、魔物に憑依されたかのよう。こうした妻の姿を見るのは初めてではない。しかし、対処法を身に付けられていない僕は、迫力に圧倒されて立ちすくむ。

するとさらに怒りを増長させた妻が、「この野郎」と叫びながら向かってきた。そして、グーパンチを浴びせてくる。反射的に僕は半身になって頭部をガードした。妻の拳《こぶし》が無防備となった肩や背中に当たる。「痛っ、痛っ」。数秒間、サンドバッグ状態で堪える。彼女の息が上がったタイミングで、やっと逃げることができた。

「はじめに」で、妻からの暴力で左肩を脱臼して運ばれた「救急車事件」を記した。20年9月のことだ。搬送されるほどの大ケガは1回だが、コロナ禍では単なる口論で済まない夫婦喧嘩が、ふた月に1回ほど発生するようになる。うち約半分で、妻は暴力行為に走った。救急車事件を経験し、妻は以前より簡単に手を出すようになった。

この日の原因も実に些細なことだ。救急車事件はテレビ台。この21年2月は、僕がドラム式洗濯乾燥機の乾燥機能を使ったことだった。ちょっと大げさだが、読者の記憶に残りやすいように「洗濯乾燥事件」と名付ける。

借金を肩代わりしてからしばらくして、我が家の光熱費は妻が出すようになった。彼女はこまめに電気を消せないし、衣食住の共同生活費の負担割合は余りに僕に偏っている。いくどかの話し合いの末、彼女も一度は納得した。

だが、給料を全部好きにしたい彼女は、内心は面白くない。そこで主張してきたのが、「乾燥は夜間に1日1回」という謎ルール。しかし、洗濯物をほぼケアする僕は、生乾きだと困る。そのため妻の不在時を見計らい、こっそり昼間も乾燥機能を使った。

冬晴れのこの日、僕は妻が不在と判断。日没までの時間を考えると、ベランダに出した洗濯物の全部は乾かないと見切りをつけ、半分ほどを乾燥させ始めた。ところが、彼女はウォークインクローゼット内の机で、静かに仕事をしていた。痛恨のミスだった。「一時停止」ボタンを押す前に気づかれる。彼女は戦闘態勢十分で絡んできた。

「こんな天気のよい日にやめてもらえる？　電気代を私が払っているからって、嫌がらせなの？」

僕の理由も聞かず、全否定できた。

「このままだと全部は乾かないよ。生乾きで臭うと嫌でしょ」

こう反論したが、「そんな風にならない」。そして、「そもそも、お前が電気代を払っていないのがおかしい」と、「お前」呼ばわりしてきた。

「夫婦でお前はおかしいでしょ。その呼び方こそ、やめてもらえる？」

こう言い返した僕に、妻は逆上し、怒りのボルテージを上げた。そして、先の罵倒や殴打の展開となる。

それにしても改めて文章に記すと、夫婦喧嘩の原因は何とも程度が低い。テレビ台の導入やら乾燥機能の使用やらと、恥ずかしい限りだ。しかし、これは一つの大切なファクト。実は夫婦喧嘩にとどまらず、夫婦間のＤＶさえも、日常生活の些細なことが起点となると後に学ぶ機会を得た。

増える妻から夫へのＤＶ

我が家で起きている妻から夫への暴力という構図は、決して珍しくない。家庭内での暴力、ドメスティック・バイオレンス（ＤＶ）と聞くと、反射的に夫から妻だと想像しないだろうか？　それは一昔前の話だ。

警察庁が22年３月に発表した「令和３年におけるストーカー事案及び配偶者からの暴力事案等への対応状況について」を引用する。全国の警察が同年受理した配偶者などパートナーからのＤＶ相談は、前年比０・５％増の８万３０４２件。03年から18年連続で増加している。

この発表では、被害者の性別データもある。21年だと男性の相談割合が25・２％、女性が74・８％。実に被害者の４人に１人が男性だ。過去５年間で比較すると、17年の17・２％から右肩上がりが続いている。

これらの相談は、内縁関係や「生活の本拠を共にする交際をする関係」（同棲関係など）も含む。今度はこの書籍が扱っている婚姻関係に絞った統計を見てみよう。

内閣府男女共同参画局が21年3月に発表した「男女間における暴力に関する調査」を参照する。結婚したことのある2591人に、身体的暴行、心理的攻撃（暴言や長期間の無視など）、経済的圧迫（生活費を渡さないなど）、性的強要の4行為を配偶者からされたことがないかを聞いた。

いずれかの被害経験ありは、女性25・9％、男性18・4％。女性の4人に1人に対し、男性でも5人に1人が該当している。ＤＶはもはや、女性被害者のみの文脈では語れない。

同調査では、こうした配偶者からの行為を誰かに相談したかどうかも聞いている。「相談した」男性は31・5％で、女性の53・7％より20ポイント以上少ない。

僕自身、警察や行政、民間の夫婦カウンセラーなどに頼ったことはない。友人に愚痴をこぼすこともない。父母にも黙っていることが多い。

他方、妻は自分の母親には全部の報告を入れ、僕の母にもしょっちゅう僕を非難するＬＩＮＥを送っている。救急車事件からしばらくの間は、警察ともやりとりしていた。地元の自治体窓口にも話をしに行ったと、彼女が自ら明かしたこともある。

僕の体験に即しても、男性被害者のほうが誰にも相談しにくいと言える。

さらに興味を引いたのが、配偶者と別れなかった理由だ。被害を受けた時、「相手と別れたい（別れよう）と思ったが、別れなかった」212人に理由を聞いた（複数回答）。男女共に最多の「子供のことを考えた」に続き、男性では約27％が「相手が変わってくれるかもしれないと思ったから」を選択している。女性でも約16％あった。

DV加害者はいつか変われるか

暴力を振るう相手に「変わってくれるかもしれない」との期待を抱くのは、実にけなげ。やはり多くの夫婦は、愛情があって関係が始まっているからだろう。もちろん、そんな相手でも「ああ、この人はもうダメ」とあっさり三行半《みくだりはん》を突きつけられる人もいる。かたや、好きになった相手との関係を長く続けたいと望む、ウェットな気質の人もいる。僕は、間違いなく後者だ。「運命の人」として選んだ妻との関係は、子どもを抜きにしても、そうそう簡単に断ち切れない。

僕ら夫婦だって、平和な時代はあった。10年に出会ってから、19年5月の借金問題の発覚まで、僕は家庭を持った幸せを感じていた。妻が借金に手を出したのは、16年

6月に次女を出産してから。その頃までは、彼女もまずまず心穏やかだったろう。

こう振り返ると、僕は16年5月頃までの夫婦関係に戻したくなる。妻をDV加害者にしているのは、僕の存在に他ならない。だとすれば、この「暴力沼」から抜け出すヒントを得ねば。こういう考えのもと、リサーチに乗り出した。

人選に苦労していると、担当編集者からNPO法人ステップの栗原加代美理事長の情報を得た。早速、サイトをチェックする。ステップは11年からDV・ストーカー加害者更生プログラムを実施。加害者は毎週2時間ずつ、全52回のプログラムに参加し、「不健全な価値観や考え方に気づき、思考を変えていく」。「加害者の変化の事例」を見ると、効果を上げているようだ。

取材を申し込むと、快諾を得た。それに先立ち、栗原さんが出した『DVはなおせる！――加害者・被害者は変われる』（さくら舎）を読む。僕はこの本で、妻からのDV被害者だけではない、僕の立ち位置を認識することになった。

DV被害者用・加害者用チェックリスト

書籍の冒頭部分に、DVチェックリストが載っていた。被害者用と加害者用の二つ。

DV チェックリスト（被害者用）

相手がDVをしていないかチェックしてみましょう
ひとつでも当てはまる方は、DVを受けている可能性があります。

① あなたのことを「きたない」「バカ」など人をおとしめるいやな言い方で呼びますか。

② あなたが他の用事で会えなかったりすると、自分を最優先にしないと言ってふれくされたり、怒ったりしますか。

③ あなたが誰と話すか、家族や友だちの誰といっしょにいるかなど、何でも知りたがって聞いてきますか。

④ しょっちゅう携帯に電話してきて、あなたがどこで誰と話したり会ったりしているかチェックしますか。

⑤ 怒ったときに物にあたるなど、あなたが怖いと感じるような態度・行動をしますか。

⑥ あなたへの怖い態度や行動をしたあとに、謝ることが多いですか。

⑦ すごくやさしいときと、すごくいじわるでいやな態度のときとが極端ですか。具体的には「俺（私）には君（あなた）しかいない」とやさしく言ったかと思うと、「おまえ（あんた）は本当にばかだ」とばかにしたりするなど。

⑧ ふたりがケンカしたとき、あなたが怒らせるようなことを言ったからだ、などと言ってあなたを責めますか。

⑨ あなたが何かについて話そうとすると話をそらしたりして、あなたの話をちゃんと聞いてくれないことが多いですか。

⑩ よく約束を破りますか。

⑪ あなたの携帯をチェックして、男（女）友だちのメールやアドレスを消せと命令したり、消してしまったりしますか。

⑫「僕（私）のことが好きならいいだろう」とあなたが気の進まないことをさせますか。

⑬ あなたの希望や考えを尊重しないで勝手に決めることが多いですか。

出典：NPO法人 女性・人権支援センター ステップHPより転載
（番号は筆者による）

出典元は栗原さんが理事長を務めるステップで、サイトにも出している。使用許諾を得られたので表形式で掲載する。ぜひ、読者の皆さんも、その項目に該当するか否かを一つずつ確認して頂きたい。意外な気づきがあるかもしれない。

最初にある被害者用の13項目では、僕は⑤と⑧が完全に該当した。①の嫌な言い方で呼ぶは、喧嘩した時、「お前」などと言われることがあり、半分ほど当てはまる。2・5点というところだ。リストは「ひとつでも当てはまる方は、DVを受けている可能性があります」とのこと。僕は、れっきとしたDV被害者と認定できた。

同じく加害者用リストをチェックする。今回、完全に該当するのは❻だ。最近は気をつけているが、以前、口論となった時、机をバンバン叩いてしまったことがある。高ぶった感情のままに行動したことを、今では心から反省している。

また、❿「いつも相手をリードしなければ」も、半分当てはまる。妻は僕より10歳下。僕は何かとリードしようとする意識が強い。お金のこと、しつけや教育面では、長らく妻と主導権争いを繰り広げてきた。専門家への取材を通し、考えを改めつつあるが、それは最近のこと。その反面、もともと土日の過ごし方や日々の食事などは、妻任せだった。全部が全部、「リードしなければ」と気負っているわけではないことを考慮

DV チェックリスト（加害者用）

自分がDVをしていないかチェックしてみましょう
ひとつでも該当する項目があったら
自分の態度・行動を見直しましょう。

❶ デート相手が自分の意見に従わないといらいらしたり怒ったりしますか。

❷ 相手が自分だけでなく、他の人とも仲良くしているのを嫉妬して責めたりしますか。

❸ 相手がどんな人とどんな話をしているのか、とても気になって聞いたりしますか。

❹ 相手に何をするか、誰と話すか、どこへ行くか、何を着るかなどについて指示し、それは相手のためだと思っていますか。

❺ 相手に向かって「俺（私）とあいつ（ときに人、物、ことがらなど）のどっちが大事なんだ！」という言い方をしますか。

❻ 腹を立てたとき、相手の目の前で物をたたいたり、壊したり、投げたりしますか。

❼ 腹を立てたとき、相手の腕や肩をつかんだり、押したり、たたいたりしたことがありますか。

❽ あなた自身の問題や自分がいらいらしていることを、相手のせいだと責めたことがありますか。

❾ 相手がしたことをとがめるとき、相手をたたいたりしますか。

❿ いつも相手をリードしなければと思っていますか。

⓫ ふたりのことでも、相手の考えや希望を尊重しないで、自分ひとりで決めることが多いですか。

⓬ 相手は自分より劣っていると思いますか。

⓭ 付き合っている相手を「自分のもの」だと思っていますか。

出典：NPO法人 女性・人権支援センター ステップHPより転載
（番号は筆者による）

すると、半分ほど当てはまるか。加害者としては、1・5点となった。

こちらも被害者と同じく、「ひとつでも該当する項目があったら自分の態度・行動を見直しましょう」。予期していなかったが、僕はDV加害者でもあるのだ。ただ単純に被害者なわけではない。

この新たなる気づきを得た後、著書を読了してから栗原さんの取材に向かった。

増える加害者たる妻たち

横浜市神奈川区にあるNPO法人ステップの事務所は、引っ越し後間もないとのことで真新しく綺麗だった。大型テレビが複数台設置され、オンライン配信用の機材も充実している。ステップではコロナ禍、Zoomを有効活用し、更生プログラムを進めている。栗原さんの夫がこうしたことに詳しく、積極的に手伝っていると伺った。

栗原さんは11年のプログラム開始以降、受講生約800人の8割を「DV卒業」に導いている。折に触れ、彼ら、彼女らからじっくり話を聞く。そんな行為を長らく繰り返してきたからだろう。栗原さんは相づち上手で、僕は図らずもかなり深く、個人的な体験を語ることとなった。

現在、ステップでは毎月20人ほどの新規面談が入る。ＤＶ加害者からの更生を図る人たちだ。30、40歳代が中心。そのうち４分の１ほどが女性だ。先に紹介した警察庁の統計データでは、男性の相談者の割合は同じく約25％。ステップに来る女性加害者と、裏表の関係で一致した割合となっている。この「妻が加害者、夫が被害者」の割合が伸びていることを、栗原さんも実感している。

「コロナ禍で特に女性加害者は増えました。夫が急に在宅勤務になり、朝昼晩三食を作らなければいけない。さらに、家にいるようになった夫が『お前、掃除の仕方が汚いな』などと注意する。それなのに、妻は友達と外食できず、長電話もダメ。ストレスが爆発して、ＤＶに走る流れとなりました」

富岡家もコロナ禍で夫婦関係が悪化している。僕は妻に三食用意させたり、掃除のやり方に注意をしたりはしない。それでも、僕がずっと家にいることは妻にとって大きなプレッシャーとなった感はある。

加害者を生む、隠れＤＶ夫

しかし、妻が加害者というケースを見る場合、注意しなければならないことがあるという。加害行為の裏に「隠れDV夫」が存在しているかもしれないからだ。

栗原さんは、ある夫から「妻が手当たり次第に物を投げるDV加害者だから、ステップに通わせたい」と相談を受けた。夫婦で面談に来ると、日本人夫と外国人妻のカップル。夫は穏やかなタイプだが、面談中、「それは日本の常識じゃない」「日本ではそうしない」と妻の発言を否定し続けた。

先の加害者用チェックリストを参照すると、この夫の行為は⓬「相手は自分より劣っていると思いますか」に該当しないだろうか。百歩譲り、夫はそう思ってなくても、妻はこんな風にネチネチやられたら、バカにされていると感じるだろう。

案の定、外国人妻は1時間我慢した末、「なんであなたは私のことを否定するのよ！」と夫に怒鳴った。このタイミングで、栗原さんは「おふたりでは、むしろ旦那様が加害者で奥様が被害者ですよ」と告げたという。妻が物を投げるという表面的な行為だけでは分からない。じっくり面談して話を聞き出す栗原さんだからこそ、「隠れDV夫」をあぶり出せた。

先に「男女間における暴力に関する調査」を引用し、3割近い男性が「妻が変わってくれるかもしれない」と離婚を踏みとどまっていることを記した。改めて栗原さんにＤＶの加害者更生プログラムを始めた理由を聞いた。すると、こうした「相手に変わって欲しいとの願望」を受けてのものだと教えてくれた。

更生プログラムを開始した11年の頃は、夫が加害者、妻が被害者のＤＶがほとんど。そして、妻は専業主婦が多かった。

「彼女たちから相談されて『自分はどうしたらいいでしょうか？』と聞かれれば、私の答えは『離婚したらいい』の一択でした。ところが、９割の人はそれができない。経済的理由と子どもに加え、『夫が変わるかもしれない』との願望も大きかった」

「また仮に離婚できたとしても、元夫がストーカーとなり、女性を追い詰めるかもしれない。離婚でも解決できないとなると、残された道は加害者たる夫に変わって頂くしかありません。被害者保護と加害者更生を両輪と位置づけました」

10年超を経て今は、妻が加害者であれば、「妻に変わって頂く」となっている。

怒る解釈を選んでいるのは

ここで、栗原さんに書籍のＤＶチェックリストを試した結果を伝えてみた。被害者として２・５点、加害者として１・５点であることを告げると、こう反応した。

「点数が示す通り富岡さんご夫婦の場合、加害性・被害性は両者にありますね。奥さんのほうが加害性は高いという感じはしますが、具体的にはどういったシーンで喧嘩が起こるんでしょうか」

僕はさっそく、この章の冒頭で記した「洗濯乾燥事件」を語った。光熱費を負担し始めた妻に「昼間は乾燥機能を使うな」と言われたのに無視したところ、使用現場を現認され、喧嘩が起きた話だ。

「実に些細なことですが」と僕が言うと、栗原さんは「DVの発端はみんな些細なことなのです」。ステップの受講生の場合、カレーに福神漬がついてない、とんかつのソースが出てこない、といったことが理由でDVに至ったことがあったそう。日常生活は些細な事の積み重ねのため、そこが発端になり得るのだ。

こうしたことから、栗原さんは「ドアをバタンと閉める」行為を「精神的暴力」に位置付ける。「バタンと閉められた側は相手の怒りを感じる。すると、相手の顔色を見るようになり、自分のやりたいことを抑える。だから、気をつけるべきなのです」

我が家で起きた洗濯乾燥事件にまつわり、栗原さんが指摘したことがある。それは、僕が被害者用リストで、⑧「ケンカしたとき、あなたが怒らせるようなことを言ったからだ、などと責める」を選択したことを踏まえたものだ。

「奥さんが『夫は最善の選択をし、今、乾燥機能を使っているのだわ』と考えられれば、怒りはわきません。彼女はあなたが怒らせたと言うようですが、怒る解釈を選んでいるのは、誰でもない彼女なのです」

「夫は私の言うことを聞かない＝夫は私のことを愛していないし、大切にしていない、という思考回路になっている。奥さんがこのように考えてしまう部分を、変えないといけないですね」

妻はどんな風に愛を伝えられたい？

栗原さんが言うように妻が考え方を変えるためには、まず僕が行動を起こす必要がある。彼女を愛しているし大切にしたいと、彼女の胸に響く形で伝えなければ彼女は安心できない。それには僕の身勝手でなく、妻の望む伝達方法を採らないといけない。

栗原さんは、こうした愛の伝え方には次の5つがあると教示した。なお、ここでは相手を愛おしく、大切にしたいと願う気持ちを託す言葉として、「愛」を使っている。我々、日本人には愛という単語は気恥ずかしさを伴う「照れワード」だが、気にしないで頂きたい。

1 言葉　「愛している」と口に出す
2 サービス（実践） 相手がして欲しいことを速やかにする
3 クオリティタイム　一緒に旅行に行くなどして共に過ごす
4 スキンシップ　手をつないだり抱き合ったりする
5 プレゼント　誕生日や結婚記念日に贈り物などをする

栗原さんは2と明言、担当編集者も同じく2が最も近いという。僕は迷いなく3だが、妻がどれかとなると心許ない。恐らく5と推測するが、2かもしれない。この質問に即答できないことをとっても、僕は妻のことを分かっていない。やはり、かなり初歩レベルにいる。妻への理解を深めないと、愛の告白へはたどり着けない。「迷える子羊」たる僕に、栗原さんは最も実践しやすい二つの改善策を授けた。傾聴と二段階受容だ。

「傾聴」とは、しっかりと耳を傾けて相手の話を丁寧に聞くこと。相手の気持ちに寄り添う姿勢が大切となる。妻が話しかけてきたとする。目を通しているスマホや書籍を置いて、彼女のほうを向く。相手の話を途中で遮ったり、正しいとか間違っているとか判断したりするのはＮＧ。「私の気持ちを汲み取ってくれている」と妻が安心できるような態度を取る。

「二段階受容」は、第一段階で妻が言うことを全部受け止める。「そうだね」「そういう考え方もあるよね」「君はそう考えているのだね」。こうした相づちを基本とする。最初から否定すると、反発して喧嘩になるから避ける。まず受け止めた後、自分の意見と違う時には第二段階として交渉する。

ネットの文章でこれを読んだだけでは、僕はピンとこなかったかもしれない。しかし、幸いなことに僕はこれをリアルで、目の前にいる栗原さんから聞けた。

初対面にもかかわらず、僕は栗原さんにベラベラと「洗濯乾燥事件」まで語っている。情けないから他の誰にも言わなかったが、つい、だ。それは栗原さんが自然体で傾聴し、二段階受容を実践していたからに違いない。

原稿執筆のため、1時間10分超になった取材音声を文字に起こした。栗原さんは実にこまめに「そうですね」と相づちを入れている。道理で僕は気分よく話せたわけだ。

そして、この「そうですね」に言及したのは、一連の取材で栗原さんがふたり目。前章で取材した教育評論家の石田勝紀さんも、「共感の言葉」の大切さを語っていた。ジャンルは異なれども、人の話を多く聞いているふたりが全く同じことを言っている。肝《きも》なのは間違いない。

取材の最終盤、栗原さんは70代夫婦のエピソードを語った。

「プレゼントとして、その夫が妻に赤い箸を渡したのです。すると、妻が夫に『私の欲しい物はこんなものではない』と怒った。『何が欲しいの?』と聞いてきた夫に対して、妻は『謝罪よ』と啖呵《たんか》を切りました」

ブラックジョークのように聞こえるが、こうした夫婦のすれ違いはごまんとある。40代半ばの僕が70代になるまでには、まだ20年超ある。シニアになってからの、こうした妻の発言はきつい。僕が改めるならば、まさに「今でしょ」だ。

僕だって取材時は、「そうですね」と言えている。妻に対してできないはずはない。後は、僕の心がけ次第だ。やらない理由はない。

栗原加代美（くりはら・かよみ）
ＮＰＯ法人女性・人権センターステップ理事長。日本選択理論心理学会会員。２００１年、神奈川県でＤＶ被害者保護シェルターの開設に参加。以降、シェルター運営を通してＤＶ被害者の保護に関わり、07年より現職。11年からアメリカの心理学「選択理論」を用いたＤＶ加害者更生プログラムを開始し、新聞・雑誌等メディアへの発信や講演活動を精力的に行っている。『ＤＶはなおせる！――加害者・被害者は変われる』など著書多数。

第7章

「あんたの存在を認めない」という「シカト沼」

——カリスマ和尚が諭す夫婦の「ご縁」とは

口をきいてくれない妻

気持ちよく晴れた平日の午後4時半。ネットニュース用の原稿を打ち終えた僕は、ベランダから洗濯物を取り込み、リビングのソファーに広げた。大きめのバスタオルに続き、ハンドタオル類をたたみ始める。すると、玄関のドアがガチャッと鳴った。自宅はリビングが2階にある。「タッタッタッ」。階段を上がる足音からして妻・美和が帰宅したのは間違いない。子どもたちは習い事やら保育園やらで、全員が不在。そんなタイミングだ。妻に顔を向けて、口を開く。

「お帰り。今日は、いつもより早いんじゃない」

産休明けの時短勤務は、とっくに終わっている。公務員として働く彼女も、なかなかに忙しい。仕事が立て込むと、帰宅が午後8時半をまわることも。平均的な午後7時頃と比べると午後4時半の戻りは、だいぶ早い。予定があるのかもしれない。

「この後、悠馬（長男）を歯医者に連れて行きたいから、早めに上がったの」

ホームドラマの妻ならば、こんな風に返すのかもしれない。「先週、仕事を頑張った分、今週は夕飯に力入れたくて」。こんな答えがあってもおかしくない。

しかし、富岡家の場合は、どのセリフも当てはまらない。というか、妻が口を開くことはない。

「……」

文字にすると、こう書くしかない。妻は僕から視線を外したまま。壁際をススッと移動し、扉を開けて、ウォークインクローゼットに消えていった。

『妻が口をきいてくれません』（集英社）は、野原広子さんによるコミックエッセイ。5年間も会話がない夫婦のすれ違いを巧みに描き、話題となった。そのタイトルと同じ事態が、我が家でも起きている。22年7月の原稿執筆日から遡ると、その期間は1年半を超す。そして現在進行形で、延びている。

お互い全く口をきかないわけではない。これまで書いてきたように口論や夫婦喧嘩は勃発する。子どもがいる時は運動会や参観、習い事の予定のすり合わせぐらいはできる。ただし、何気ない日常会話をしない。同じ屋根の下にいたら、話すテーマはいくらでもある。天気、ニュースだけでなく、あそこの店でこれが特売だったなどの買い物情報、地域のあれこれなど。いわゆる世間話、雑談をすることが、ほぼない。

そして妻が徹底して拒否するのが、家にふたりでいる時の挨拶だ。先の「お帰り」「……」だけでない。「ただいま」「……」、「おはよう」「……」。どんなに明るく、どんなに無邪気に僕が声を掛けようとも、応じることはない。
　僕はこの妻の仕打ちを「シカト沼」と名付けた。同じ経験がない読者は、あまりピンとこないだろうか。経験者として正直に語ると、この無視はじわじわと精神をむしばむ。口論や夫婦喧嘩は、疲れるし、時間を取られるし、後味が悪い。愚かな行為ゆえにできれば避けたいが、まだしも妻と正対している感覚はある。
　一方、シカトは僕の労力を奪うことはないし、1秒で終わる。その瞬間に沸き起こる感情は、慣れた今としてはほんのわずかだ。ところが、その後、真綿で首を絞めるようにジワジワと僕の心に黒いシミを広げる。最愛の妻と向き合えないことで、僕は自らの価値を削り取られるような感覚に陥る。数カ月に一度の口論や夫婦喧嘩と違い、シカトは日々繰り返される。その頻度の高さも、精神的なダメージへと直結する。

「あんたのことは人として認めていないから」

　ある時、残念ながら、口論が発展し、お互いを罵り合う状態となった。その際、妻は僕に「あんたは私を軽んじている」と怒った。僕は「そんなことはない。リスペクトしている」と返答した後、逆に質問を発した。「軽んじているのは、美和ちゃんのほうじゃないの？　全然、挨拶返さないじゃない」

妻は実に冷酷な言葉で応じてきた。

「あんたのことはもう、人として認めていないから。だから、そんな相手には返事をしない。そう私は決めている。だから絶対に答えない」

妻は、自分の「挨拶観」を続けて語った。

「私が小さい時からバレーボールをやってきたのは、知っているよね。挨拶に関してはみっちり仕込まれてきた。練習の時も、試合でも。ずっとそうしてきたし、普通の人たちよりも挨拶の大事さを感じている」

「だから、私は地域の人たちに、あんたよりも挨拶している。みんな知っているはずよ。そんな私だから、誰かの挨拶に対し、返事をしないと気持ち悪い。けど、許せないあんたには答えない」

妻は僕が精神的ダメージを負うことを分かっていて、確信犯として振舞っているのだ。こう明かした妻に、僕はその場で反論する言葉を持っていなかった。「そうは言っても、そのうち返事をするようになる」。お気楽野郎として、ずっと根拠のない楽観論を抱いていたが、失敗だった。時間が解決する類のものではなかった。頑なな妻を前にして、僕は解決に向けた具体的アクションを取る必要に迫られた。

シカト、無視は他の家庭でも

僕が苦しんでいる、この「シカト沼」にはまっている夫婦は、実のところかなりの数にのぼりそうだ。二つの調査を参照してみる。

一つ目は、「働く女性のWebメディア」を掲げる「Oggi.jp」。18年5月に「結婚すると7割が夫婦喧嘩を経験！　離婚を考えた？　仲直りのきっかけは？　働く女性に大調査」の記事を出した。

その中で「夫婦喧嘩の形態は？」（複数回答）を聞いている。答えは「口喧嘩」81％の次に、「無視・口をきかない」が42％。これは3位「LINE・メールなどで喧嘩」12％、4位「物を投げる・壊す」「家出」7％に比べると、かなり多い。「無視」は「物を投げる」などに比べるとある意味、お手軽にできる。どこの夫婦でも選ぶのだ。

二つ目は「ブライダルデー」。「ぐるなびの夫婦関係向上運動『ブライダルデー』の活動の一環として運用」されているサイトだ。17年5月、30～40代の既婚男性100人に調査を実施。「あなたが夫婦喧嘩をした中で今までで一番辛い仕打ちを受けたのは何ですか?」と尋ねている。

具体的項目だと「月をまたいでシカト」と「食事が出てこない」が共に19%で1位。3位が「お小遣いゼロ」。月をまたぐというから、まずまず長いシカトが選択肢になっているが、約2割に選ばれた。

サイトにある回答者のコメントを見てみよう。「1ヶ月ほど会話がなかったことがあります。妻の両親に相談をして、何とか解決することができました」(39歳)、「冷戦状態になった時が一番辛かった時期です」(49歳)。

そう、最後の男性が言うように、シカトは辛いのだ。

カリスマ和尚を訪ねて

前章までの「借金沼」「教育方針沼」「暴力沼」は、それぞれ3人の専門家に対処法を求めて取材した。そのため、今回の「シカト沼」でも同じことを考えた。先の専門家たちはネットサーチで見極めた。それに対して、今回は当てがある。神奈川県藤沢市にある示現寺《じげんじ》の「カリスマ住職」、鈴木泰堂さんだ。

僕は鈴木さんを書籍『魂問答』(19年、光文社)で知った。同著はプロ野球で大活躍した清原和博さんと鈴木さんの共著。薬物依存の後遺症やうつ病で苦しむ清原さんと、鈴木さんによる対談録だ。僕は小学生の頃、少年野球チームに所属していた。その当時から、清原さんはあこがれの大スター。引退して転落してからも気になっていて、清原さんによる『告白』（18年、文藝春秋）も手に取った。

『魂問答』を読み、肝が据わった同世代の鈴木さんに惹かれた。すると、21年の師走にチャンスが来る。寄稿している弁護士ドットコムニュースの編集者Y氏に鈴木さんを取り上げる企画を提案すると、無事に通った。コロナ禍で起きた人々の悩みの変化や、来る22年に向けた心構えを聞くもの。例祭が開かれるタイミングで訪問した。祈禱をする声量はマスク越しでも十分。迫力ある声が、朗々と本堂に響く。年間400人以上の悩み相談を受けているだけあり、その後の取材でも実に深く民草の心情を理解していると感じられた。僕はその年の大晦日に「年間400人の悩みに寄り添う『カリスマ住職』、コロナ禍は『孤独にまつわる相談ふえた』」とのタイトルで記事をアップした。

その鈴木さんに、妻との「シカト沼」に悩む夫へのアドバイスをもらおうと取材を申し込むと、「拙僧で力になれるのなら」。鈴木さんらしい言葉で返事が来た。

電車とバスを乗り継ぎ、晴れた日の午後、示現寺に伺った。

夫婦の悩み、コロナ禍前は3割ほど

「ご無沙汰しております」「ようこそ、おいでくださいました」

そう挨拶を交わした瞬間、「ゴーッ」という音が境内に響き渡る。示現寺の真裏には、東海道新幹線が通っている。その走行音だ。鈴木さんは「日本一、新幹線に近いお寺」とネタにしているが、あながち間違っていないかもしれない。

前回の取材時、鈴木さんは例祭用の法衣に身を包んでいた。僧侶らしさが増す衣装だった。本日はラフな作務衣姿だが、身にまとうものが替わっても鈴木さんの落ち着いた口調と柔和な笑顔は同じ。相対する人を自然体にする御仁《ごじん》だ。

「シカト沼」の相談に入る前に、鈴木さんの元に寄せられる悩みを改めて確認する。20年のコロナ禍以降、孤独にまつわるものが増えた。「人を遠ざけた結果で孤独に陥る人」と「思わぬかたちで孤独になってしまった人」の両ケースだ。この間、緊急事態宣言が出され、不要不急の外出自粛が呼びかけられた。一時期、オンライン飲み会が盛んになり、僕も参加していたが、さほど定着しなかったのではないか。リアルで会えば相手の体温まで分かるのと比較すると、ネットを介した交流は限界がある。そうした中、孤独感を深める人々が増えたのは、ごくごく自然の流れだ。

では、コロナ禍以前の状況はどうだったか。夫婦関係の相談は「全体の2、3割ほど」とのこと。具体的内容としては、妻が夫の不貞を訴えるパターンが圧倒的多数だ。「夫に相手にされない。よそに女がいるのではないか。奥様から、こうした悩みを打ち明けられる。その告白を裏返すと、夫に対する思いがあります。気持ちがなかったら、相談などに来ませんから」

「ひとしきり話を聞いた後、『で、あなたはどうしたいのですか?』と尋ねます。ここが解決に向けたスタートです」

数は多くはないが、DV絡みの事案もあった。ある女性は、内縁の夫から顔が腫れるほどの暴力を受けていた。さらに、子どもを産んでも彼は認知しなかった。クラブのホステスをしていたが、どんどん暴力がエスカレート。「命の危険が生じるほどになったので、ここで匿《かくま》って、故郷に女性と子どもを逃しました」。

ここまで相談者に寄り添う住職は、日本中を探してもまれだろう。

「結婚も縁、離婚も縁」とは

そんな鈴木さんに、まずは夫婦の縁の捉え方から聞いてみる。すると、想定の斜め上からの回答が来た。

「仏様の教えを紐解いていくと、『何かをできることが縁がある』で、『何かをできないことが縁がない』となります。つまり、縁とは『やりたいと思ってできること』と言えます」

「結婚することはもちろん縁だけど、離婚することも実は縁なのです」

夫婦の３分の１が離婚するとはいえ、一般的にまだまだ離婚はネガティブに考えられている。一見堅苦しそうな仏教だが、その考え方はかなりフランクだ。

「世界人口約80億人の中からお互いに選んだのだから、夫婦の縁というものはありません。しかし、何が何でも婚姻関係は続けなければいけないものでもない」

そのため、鈴木さんは夫婦関係で悩む人にはまず「どうしたい？」と聞く。夫婦を「続けたい」と答えると、「続けるために自分がどうあるべきかを考えましょう」。「別れたい」と答えると、「別れるためにどうすべきかを話しましょう」。このやりとりを全ての起点にしていた。

歴史ある仏教と生きる鈴木さんだけに、故事成語の引用も多い。偕老同穴《かいろうどうけつ》（共に暮らして老い、同じ墓穴に入ること。すなわち、夫婦の契りの堅いこと）、比翼連理《ひよくれんり》（雌雄それぞれ目と翼が一つずつで常に一体となって飛ぶ空想の「比翼の鳥」と、木の枝が他の木の枝と絡みあい一体化した「連理の枝」。夫婦仲がよいさま）。こうした言葉で、先人たちが培ってきた夫婦のありようを教えてくれた。

妻が陥った三毒とは

鈴木さんのこうした夫婦観を一通り踏まえた後、僕の家庭で起きている事態について説明する。借金問題、救急車事件などを経て、「シカト沼」となった現状を話した。前回の取材では、個人的なことは一切、口にしていない。「ご苦労なされているのですね」に続き、「こちらに来る時、入口の看板はご覧になりましたか？」と聞かれた。

鈴木さんは、毎月第４日曜日に開く例祭の前、境内入口に設けた看板に新しい文言を書く。その時々、檀家さんらに伝えたい思いを、オリジナルの短い言葉にする。前回の訪問時は、「自らを磨き他に寄り添う」。そして今回は「三毒は利己心を加速させる」。記録用にスマホで写真を撮ったが、「三毒」の意味が分からないため、質問した。

鈴木さんによると、三毒とは仏教用語で「人間が持つ克服すべき三つの煩悩」を指す。貪《とん》（むさぼり、必要以上に求める心）、瞋《じん》（怒りの心）、癡《ち》（真理に対する無知の心）を毒にたとえている。三毒に染まると、他人の迷惑を顧みず自分の利益だけを追い求める「利己心」がどんどんひどくなる。それに注意を促したのが、今月の文言だ。

「とても偶然ですが、富岡さんの奥様、こちらの三毒にまみれている状態ですよ」

衣食住に困らず、子宝にも恵まれている。傍から見れば十分に満たされていいはずなのに、借金するほどの物欲は「貪」に他ならない。救急車で運ばれるに至る暴力を振るうだけでなく、感情に任せて無視を続けるのは「瞋」となる。そして「あんたが悪い」と夫を断罪し、自らの行動を省みない態度は「癡」に相当する。

もちろん、妻が三毒に陥ることになった責任は僕にもある。僕と出会う前や交際時、結婚後数年の彼女は、「三毒まみれ」ではなかった。僕が与えたストレスで追い込まれた面もある。

鈴木さんもこの点は踏まえている。今度は日蓮聖人が詠んだ和歌を口にした。

「自ずからよこしまに降る雨はあらじ　風こそ夜の窓をうつらめ」

意味するところは、こうだ。雲から出た雨は、最初は真っすぐに降っている。風こそが雨を横なぐりにして、窓を打たせている。すなわち、根には正しい心があっても、間違った教えがあったら道を外れてしまう。だから、寛大な心で接していこう。
「お子様をもうけるほど深い関係となった奥様に今も愛情があり、富岡さんは夫婦を続けていきたいと考えておられる。だとすると、これも人生のあらなみの一つとして、受け入れるのはどうでしょうか」

「愛別離苦」に片足を突っ込む

前回の取材では、「四苦八苦」を解説してもらった。普段は、非常に苦労する様を表す言葉として使われているが、元は仏教用語。お釈迦様が8分類した、人間界での苦しみを示す。

前半と後半に分かれており、前半の四苦は「生」「病」「老」「死」の基本的な苦しみだ。「生まれてきたこと、生きることの苦しみ」「病による苦しみ」「老いていく苦しみ」「死を迎える苦しみ」となる。

後半の4つは以下だ。

「愛別離苦《あいべつりく》」（愛するものと離れなければいけない苦しみ）

「怨憎会苦《おんぞうえく》」（会いたくない人、恨んでいる相手に会わなければいけない苦しみ）
「求不得苦《ぐふとっく》」（求めるものを求めるほど得られない苦しみ）
「五蘊盛苦《ごうんじょうく》」（個々の主観、経験や記憶から生じる苦しみ。トラウマも含む）

鈴木さんによると、僕は現在、妻との「愛別離苦」に片足を突っ込んでいる。確かに、そうだ。このまま関係が改善しないと、彼女は僕の元を去るかもしれない。一時期、妻は近くの不動産仲介業者と連絡を取り、子どもが転校をしないで済む範囲で賃貸住宅を探していた。物件情報の用紙を家で確認したので間違いない。

別居や離婚となる「愛別離苦」を現実のものとしたくない。では、僕は妻とどう向き合えばいいのか。

「奥様が三毒に気がついた時、そこから引っ張り出す存在となりましょう。取るべき態度としては、心穏やかに同じ場所に糸を垂らし続ける。奥様が、その糸に気づいてつかんだ瞬間、持ち上げます。余所を向いたら、そのタイミングは分かりません。その瞬間を待ち続けられるエネルギーが、愛情だと考えます」

待つ間、僕はこれまで通り「お帰り」「ただいま」「おはよう」と挨拶する。それに対する返事が「……」でも、決して怒らない。怒ってしまったら、僕自身が三毒に侵されることになる。僕まで染まってしまったら、夫婦ふたりで三毒の渦に飲み込まれ、脱出不可能だ。

「無明《むみょう》の人にも光は必ず射すと、僕は信じています。富岡さんが奥様との関係を続けたいなら、僕は120％で応援する。辛い時には、ここで吐き出してください」

「絆」という字は

清原さんをはじめ、多くの人々を支えてきたカリスマ住職に「応援する」と言われると、非常に心強い。近い将来、妻は返事をしてくれるようになるのか。それとも、しばらく先か。もしくは、ずっとダメか。行く道は険しく、僕の人間力が試されることになる。

それでも、他の選択肢はない。明るく、妻に「お帰り」と言い続けよう。苦しくなったら、示現寺に来ればいい。例祭のタイミングならば、祈禱する鈴木さんからパワーをもらえる。徐々に決心が固まった。

住職である鈴木さんは、亡くなった檀家さんらのお見送りをする機会も多い。取材時に語った老夫婦のエピソードを紹介し、この章を締めよう。

100歳近くまで歩みを共にしてきた後、夫が妻に先立たれた。子どもがいないことから、夫は親族に車椅子を押されて葬儀に参列。最期の別れの瞬間、夫は妻の顔に愛おしそうに触れた。肉体は衰え、涙を出す力は残っていない。それでも、「はは〜」という感嘆の声だけは絞り出した。夫のその姿には、妻への愛情と感謝があふれていたという。言葉も涙もなくても、周囲にそれが伝わった。

「このおふたりは、今生《こんじょう》の縁を大事にする夫婦でした。『絆』の字は、糸が半分と書く。この老人の半分と半分を結んでいる。夫婦のかすがいと言われる子どもがなくとも、夫婦は絆を結んでいました。僕はその姿を見て、見習いたいと思いました」

僕も鈴木さんと同じ感想を抱く。妻との関係は暗中模索の最中だが、僕は25年後に向けた、ささやかな夢を抱いている。まだ幼い子どもたちが、成人して親となる。我が家は子だくさん。孫だくさんにもなり得る。毎月1回、どこかの家に遊びに行き、孫の誕生パーティーを一緒に祝う。小学校入学時のランドセルは、実父に倣って、僕が買い与えたい。

今は妄想レベルだが、時が経てば実現するかもしれない。そんな素敵な四半世紀後を迎えるためには、今、足元を固める必要がある。

鈴木泰堂（すずき・たいどう）
法華山示現寺住職。宗教法人示現寺代表役員。
立正大学仏教学部仏教学科卒業。「心の悩み」の駆け込み寺として、年間約400人以上の人生相談を受け、その心の苦しみと向き合う中で、人の心を支えるという仏教本来の役割を実践する。さらにその経験から芸能人やトップアスリート、経営者などのメンタルをサポート。元プロ野球選手清原和博氏の復帰に携わり、その過程を振り返りつつ対談した共著『魂問答』を刊行。

第8章

夫婦関係によく効く薬はあるのか

――国際政治学者・三浦瑠麗さんとの対談

ここまで自らの結婚生活を省みつつ、それぞれの沼について専門家にアドバイスをもらってきた。取材を進めるほど、僕が変わらなければいけない点が浮かび上がる。独りよがりで、妻への愛情を空回りさせている夫だと自覚を深める。

さらなる気づきを得るため、今度は僕ら夫婦を丸ごと俎上《そじょう》に載せて、解剖したくなった。助言を引き出す形ではなく、対談という形で夫婦の問題について議論をできないか。もちろん、この対談は僕の自己満足だけでなく、他の夫婦たち、この本の読者に有意義でなければならない。

考え始めると、意中の人物がひとりだけ浮かぶ。国際政治学者の三浦瑠麗さんだ。2019年に三浦さんが『孤独の意味も、女であることの味わいも』(新潮社)を出版した際、取材する機会を得た。この自伝的著作では、死産とそこからの立ち直りの経験も綴っている。さらに22年春には、中野信子さんとの共著『不倫と正義』(新潮社)を出版。同書は夫婦に関する様々なデータも集めてあり、僕自身学ぶところが多かった。

三浦さんは僕と同じく40代。人生100年時代の夫婦像を作っていく同志的立場でもある。学生結婚で僕にとっては夫婦の先輩でもある。担当編集者に意見を聞くと、「ぜひ!」。すぐに依頼へと動いた。

企画書を送ってから約2カ月後、三浦さんの「山猫総合研究所」の事務所で対談が実現した。ちなみに、彼女の飼い猫であるベンガルの「レオ」（オス、3歳）は覗きに来てくれたが、ラグドールの「ジーナ」（メス、1歳）とはついぞ会えなかった。

会話は子どもより夫婦が中心

富岡　早速ですが、三浦さんはお仕事前にご主人と一緒に朝食を食べるなど、朝の決まった習慣はありますか？

三浦　最近は年のせいか朝早く目覚めるようになっちゃって（笑）、夫と一緒にジムに行きます。6時半から30分泳ぎ、7時頃に娘が起きてきて8時に登校し、私たちは9時頃に猫と一緒に出社するのが最近のルーティン。朝食はそれぞれ好みがあり、夫は朝はプロテインドリンクが主でそれ以外はあまり食べたくない人。私はプロテインにアレルギーがあるのでスムージー。ジムのあとにふたりでそれぞれドリンクを飲み、娘には別途朝食を作って、私が一緒に食べます。夫との習慣というと、ジムの他は朝食後のお茶がメインかな。日本茶か紅茶をお気に入りの器で頂く時間ですかね。

富岡　朝は慌ただしいと思いますが、それが団らんみたいな感じになるのでしょうか。

三浦　朝の時間に1時間弱の余裕を持たせることで、お茶をゆっくり飲み、ニュースをチェックしたりしながらたわいのない話をしたり、そんな感じですね。うちは娘と3人揃う時でも、家族の会話の7割が私と夫の会話です。娘は今、小学5年生で、母と娘だとずっと娘主導の会話になりますけど。

富岡　小5ぐらいのお子さんがいると、普通は子ども主体に会話を回すような気がするのですが、そこは自然と、三浦さんとご主人の会話中心なんですか。

三浦　そうですね。うちは昔からそうです。そもそも娘は学校であったことをあまり言わないほうかな。この間は学校から揃いの裁縫セットを注文するように言われた、と娘が言うので、手元にある裁縫道具でいいじゃないということになって、その場で足りないものだけAmazonで注文してあげたり、すぐ対応するようにはしていますけれども。本当の相談事であれば真摯に向き合いますが、友達の誰それちゃんが何をした、といった話はこっちも聞き流してしまう（笑）。夫とは互いに中小企業の社長であって、オフィスもスタッフも共有しているので、そちらの会話の比重のほうが大きいってことですよね、子どもの学校より。

富岡　三浦さんは22歳でご結婚され、間もなく夫婦関係も20年。夫婦の会話量が減る

頃なのにすごい。僕は、残念なことに妻から無視されています。理由は「人として認めないから返さない」（笑）。三浦さんのところと比べるとかなりギャップがあり、正直、驚いています。結婚当初から夫婦の時間を大切にされてきたのでしょうか。

三浦　無理をするという意識ではないですし、夫がやりたいことを止めはしません。例えば土日はゴルフ三昧という人だったら違っていたかもしれないですね。彼は一緒にいたいと考えるタイプの人なので。私は週末の予定は常に調整しています。私の地方講演が入って軽井沢の山小屋に行けない時には、代わりに講演先で温泉に泊まろうとか、なるべく土日に関しては家族を同伴するような意識はあります。マイナスとして捉えるよりは、制約の中でプラスに転換するっていうのをしてきました。
富岡　家族で共有する時間をなるべく増やそうという。
三浦　テレビの密着取材が入って家族に負担がかかったり、海外出張や週末の学会が続けて入ったりしても、それに文句を言うとか次からやめようというのではなく、「ちょっとやりすぎだったよね」「今週は紅葉が見頃だったのにね」みたいな感想を言い合って生活に軌道修正をかける感じです。「三浦さんちのルールは？」という質問をよく受けるんですけど、ルールではなくて、やりたいからやっているという感じ。暗黙の了解が時に破られても文句は言わない。週末の軽井沢への移動をスムーズにするために金曜夜遅くに仕事を入れないようにするとか、そういうくらいですね。
富岡　やはり我が家の夫婦関係のいざこざの原因は、コミュニケーション不足ですね。僕が家で「無視されている」のが最たるものですが、会話自体の少なさを反省しています。夫は外で仕事して、基本家で夕食を食べない。妻は子どものご飯を用意して、身の回りのことをやって寝かしつけるので精いっぱい。こうなっていたので、妻の日常のことに気づかなかった。コミュニケーションのあり方が、相当下手だったなと。

職場でできて、なぜ家でできない

三浦　「下手だった」というより、職場でできていることを家庭でやらなかっただけの話で、うまい下手でいえば確かに人間関係には巧拙があるんですけど、職場でまあまあ機能している人が、なぜ家庭で取り返しがつかないところまで機能しなくなったのか。この人にはいくら背景説明をしても意味がないと思われたんでしょうか。奥様はお仕事は？

富岡　公務員として働いています。彼女は20代半ばで僕と結婚して、産休、育休を取りながら子どもたちを育てています。仕事をしながらの子育てで、相当忙しい、目まぐるしい日々を送っています。

三浦　忙しいのは忙しいでしょう。でも、富岡さんも奥さんも、職場でできていることが家庭ではできてないということですよね。なぜでしょう。例えば子どもの習い事などでトイレットペーパーの芯を二つ用意しなくちゃとか、持ち物の準備があったりしますね。あるいは子どもの友達のお母さんと話をまとめて何かの会の集金をしなきゃいけないような、少しややこしい話もあります。仕事では相手にリマインドしたり、理解のない上司に対して嚙んで含めるように説明できるのが、家庭内では途端にしなくなる。プロ意識の不足というか、どうせ夫は何も話を聞いていないし、かつ上司じゃないんだから私にはそんな義理もない、という話です。
富岡　プロ意識……。
三浦　私のように24時間ほぼ夫と一緒にいる人間でさえ、「きょうの予定は？」って聞かれてどうしてこんなに把握していないんだって腹立つこともあります。私は、曜日と下校時間と習い事に合わせてシッターさんの予約時間を修正したり、移動の車を回すなどの調整を毎週のようにしているのに、それを「で、きょうの娘の予定は？」と聞かれると、「なんで予定を覚えられないの？　ばかなの？」と（笑）。習い事を始めて8年ぐらいですが、8年間いったい何回月曜日があったのかって思います。「月曜日には絵画教室っていうのがありますね。だいたい6時45分に終わるようですよ」と言うと、ちょっとだけ「うーん、そうかあ」という反応をします。まあ私は人格者ではないので、ちょっとイラッとするのはこんなこと。でも、過ごす時間ということでいえば、より多く娘と過ごしているのは夫。私より娘と夕ご飯を食べてますもん。
富岡　僕も習い事や、洗濯の時のどのパンツがどの娘のかなど、全く覚えられないです。「これ、あなたの」って聞くとだいたい違ってて、いつも「お父さん分かってない」って言われるっていうのが常という。
三浦　なぜ？　１２０センチと１４０センチの下着があったとして、タグ見れば書いてあるじゃないですか。
富岡　子どもに関することを数値化したりタグ付けしたりして記憶するのが、すごく苦手なのかと。かわいい存在としてボヤッとしか把握していない。習い事も子どもが一生懸命なのは認識できても、手帳に書いたりGoogleカレンダーに登録しない限り、予定は覚えられない。僕の妻も「なんで予定を覚えないの？」と思っていますね。

家で上司面をするな

三浦　最近、新しく習い事を一つ増やしたんですよ。バレエをやめちゃって、その代わりに水泳を。その予定を仕事でも使っているGoogleカレンダーに入れて、夫に共有のため「招待」を出したんです。そうしたら後で夫に「習い事に全部インビテーション出さないで。分からなくなるから」って言われました（笑）。これってどういうことかと考えたんですが、たぶん自分の領域を他者に、それが子どもであっても侵食されるということ自体をそもそもよしとしないんでしょうね。自分の代わりに細かいことを覚えてくれている秘書兼、大道具かつ小道具係みたいな人がいると、任せちゃう。妻からすれば「上司面するな」ということですよ。ここでも職場と比較すると分かりやすいと思いますが、女性の上司や同期の同僚に「僕の代わりに細かい予定覚えといて」って言わないじゃないですか。なぜ妻だとそうなるのかっていうところに、男性の、まず主体性のなさと、自分が愛されたりケアされたりする存在であるっていう信念のようなものが見えます。

富岡　上の世代を中心に、飲み会の席で女性にお酌をさせる人もいますよね。

三浦　お酌も料理のとりわけも、私は基本人の面倒を見る人なので結構します。でも、24時間一緒にいる相手に上司面されると困ります。もちろん、夫も多少は進化しましたよ。例えばイヌの餌がどこで、ネコの餌がどこ、というのは今では把握できるようになりました(笑)。あと、洗濯物のかごが衣類の色の濃いものと白いものとに分かれていることや、洗剤がどこにあるかも答えられます。

富岡　僕はコロナ禍で在宅時間が増え、家事の7、8割はやっています。パンツの識別はできませんが、その前の取り込む、たたむまではできる。ただ習い事のような領域は妻がガチッと握っていて、入ってきてくれるなといった雰囲気があります。子どもの保育園の持ち物の用意とかもそう。「どうせ分かってないし、できないだろうから、中途半端にやらないでくれ」と激しく止められる。対子どもの領域への踏み込み具合というかさじ加減が全然分からなくて。

三浦　どこまででも踏み込めばいいんじゃないですか。やりたいんだったら、できるんだったら、どんどん関与して、積極的に。ただ、それをちゃんとコミュニケートできているかどうか。自分のしたことをちゃんと伝えて、行き違いが生じたり二度手間になったりしないようにできているかですね。

女性が男性に対して「上司面するな」と思うのと同様に、女性のほうで家の中のことを仕切りたがる人はいます、それも、細かなことを。統計的に明らかになっているのですが、大きな買い物については比較的男性が中心となって決断を下していて、小さな決断、例えば少額の買い物とかおかずをどうするか、などは女性が行うことが多い。そうすると男性も自分の好みの料理が食べられなくて拒否感を持つ人は結構多くて、全部勝手に妻が決めちゃっている、と感じる人も多い。

ごみ出しに害はないが、喜びもない

富岡　夫が家事を分担することについてはどうですか？

三浦　妻の任せる仕事内容がよくないんじゃないかと思います。夫が家事をしてくれないのは、基本的に妻が家の中の主導権を握っていて、時給800円のバイトくんの棚卸し作業みたいな、あまり面白くもない、一番責任のないことをやらせているからかもしれない。やっぱり労働には喜びがなきゃいけないし、喜びの分も含めて、ある程度自主性を持たせないと相手はやりたがらないんです。ほら、男性が頼まれる仕事で一番典型的なの、ごみ出しですよね。ごみ出しにはほぼなんの喜びもない。

富岡　分かります。

三浦　でも害もないんですよ。絶対に間違わない。

富岡　間違わない。

三浦　コミュニケーションの話に戻せば、男性と女性、両方の側に問題があるんです。子育ての一番最初から関わっていれば分かっていた話が、そのうち分からなくなり、分からなくなって長く経つともう手の付けようがなくなる。挽回しようとしてちょっと手を出すと怒られるっていう悪循環。

富岡　悪循環ですね。今、振り返ってみても、そういうような悪循環の中で、積もり積もってきて、ぼんって湧いたのが借金の問題でした。
三浦　なんで借金したんですか、奥さん。
富岡　買い物依存症になったってことです。育児ストレスで。
三浦　どんなもの買ったんですか。
富岡　僕もよく分からないのです。例えばプラダのバッグとかグッチの財布ならばさすがに気づけた。でも、一家でたまに外出した時にも察知できなかったから、超高額なものは限られていたのでしょう。素材にこだわった、僕が全く知らないブランドの服などを買っていたようです。Amazon の段ボールは、しょっちゅう届いていました。
三浦　金額はどれくらいでしたっけ？
富岡　１０００万円ぐらいカードで使ったとのことです。
三浦　何カ月でですか。
富岡　２年ぐらいです。
三浦　２年で。だったらまだ少ないですね、共働きでそこそこの大企業とか公務員とかの年収がある人で、ストレスのはけ口としての消費としてはまだ少ないほうです。

1年あたり400万~500万円としたら、宝石や高価な品物を買えばすぐ使えちゃう金額です。Amazonの段ボールが頻繁に届いたというのは、一つ一つの価格は大したことないものを大量に買ってたってことですよね。小さなものをたくさん買うというのは、自己決定権の行使の欲望を代替してるんですよ。買い物依存症っていうと特殊な病気みたいに思われがちだけど、自己決定権を行使するための一番安易なやり方なんですね。

どうしてこんなに意味のないものをちょくちょく買ってくるんだろうって思うことありますよね。普段高価な買い物をしない人にとっては、贅沢ができるのが野菜とかお肉、あるいは安売りの服とかなんですよ。富岡さんの奥様も、買うもののバリエーションが多いだけで全然異常ではない。自分の予算を超えて買っちゃったというところが問題なだけで。私だって20代前半までは予算を超えてよく買っていました。

富岡　決定権について今、思い返しました。「私の思うようにできない」「私が決められない」と、夫婦喧嘩の時によく言われます。僕は妻より年上で、口も達者。そのため、何かを決める時、僕が10対0でいつも勝つみたいなことをやってきてしまった。その蓄積の中で、彼女は自分が思うようにできていないと感じ続け、借金をしてまでの買い物に走ったと、説明したことがありました。
三浦　自己分析できているだけえらいですよ、奥さん。ところでご家庭のことを存じ上げないのに失礼なこと言ったら申し訳ないんですけど、取材依頼を頂いてからちょっと気になってたことがあって。
富岡　なんでしょうか。
三浦　借金を肩代わりしたっていう説明のところ。買い物依存症で無駄なものをたくさん買ってしまった、というのは事実として仕方がないですが、富岡さんが「肩代わりした」ってどういうこと？　って思いました。例えばうちは中小企業の社長同士ですが、一方の会社で事業性資金を借りたとしますよね。その場合の連帯保証人に妻あるいは夫を加えるのは結構大きなお願いだと感じますが、そうじゃなくてパーソナルなもの、住宅ローンとか車とか大きな買い物は当然、夫婦ふたりで担うわけじゃないですか。洋服だってそう。それを「肩代わりした」ってどんな意識なんだろうと。
富岡　ファイナンシャル・プランナーの横山光昭さん（第4章）からは、収入を合算する「夫婦同一財布」を勧められました。我が家は「夫婦別財布」でやってきましたが、僕の「肩代わり」発言は、上から目線での物言いになっていると反省しています。

家計の回し方は、バターと砂糖の問題

三浦　どうやって家計を回してるんですか。

富岡　うちは、住宅ローン、子どもの教育費、それから食費として10万円を僕が基本負担し、妻はここ数年、光熱費と子どものちょっとした買い物などを自分の給料から支払っています。

三浦　収入はどっちが多いんですか。

富岡　収入は僕のほうが多いですね。

三浦　お金の使い方に関して、不満はもともとあったんですか。

富岡　僕は、はっきり言ってかなり細かいので、当初はいろいろ言ったんですけれども、諦めた部分はありますね。

三浦　それは、余裕のある部分のお金を貯蓄に回し、将来のお金だったり、旅行や子どもが留学したりする時のための原資にしようっていう感じの考え方ですか。

富岡　僕はそうですけど、彼女はあったら全部使うタイプなので、全く貯めません。僕は子ども全員分、大学の学費までは出してやりたい。ところが妻は、奨学金の返済で苦労しているはずなのに、子どもも奨学金をもらえばいいと言います。

三浦　それはつまり、学費は出してあげないぞっていうこと？

富岡　今、自分の生活を優先したい、と。

三浦　私立に行きたいと言われたらどうするんだというところまで考えて話し合った結果の言葉なのか、最初から奥様が教育方針として、うちは子どもには大学の学費を出さないと表明されてたのかっていうのはどっちなんですか。

富岡　それでいうと前者ですね。

三浦　本来は一つの財布のほうが望ましいと私は思います。でもご結婚が私みたいに早くなく、それなりにご自分のライフスタイルができあがっちゃった後だと、お小遣い制になったり、拠出制になったりすると思うんですよね。拠出制になった時に、どっちが細かいかとか、どっちのほうが収入があるかによって、支配的な立場の人間と従属的な立場の人間が生じます。そして従属的な立場の人間の能力ってどんどん衰えていくんですね、能力を使っていないんで。

富岡　横山さんも同じことを言っていました。私みたいな夫だと、妻が甘えてどんどんやらなくなるって。

三浦　目の前にあるお砂糖やバターを全部なめちゃったほうが生存確率が高いと分かっているからなんですよ。砂糖やバターの供給をけちけちして、今月はこれだけだぞって決めたのに、まず最初に全部なめちゃったっていうのが今の騒動の原因です。あるものを全部なめちゃうっていうのは、動物見てれば分かるでしょ。赤ちゃん見てても。なぜ腕の立つジャーナリストであるあなたがそれを分かっていないのか、ちょっと私は疑問だったんです。ご依頼頂いた時の一番の「えっ!」というのは、富岡さんにそんなに大変なことがあったんだ、というものですが、そのあとに「でも人を観察する商売じゃなかったっけ」って思いました。

マメだけど、相手の気持ちが見えていない

富岡　僕は、本当に妻を観察できてないですね。ひとりの人間として捉えていない感覚があります。妻は妻であって最愛の人なので、相当フィルターがかかる。一目ぼれして猛アタックして、どうにか口説き落とした。プロポーズは海辺のホテルに事前に電話してチャペルを借りて、月収3カ月分ぐらいの指輪を用意して置いておいた。ディナー後にチャペルをちょっと覗いてみる感じで、その場でプロポーズしました。

三浦　ここでも結構マメなんですね。

富岡　交際期間も1年に満たず、すぐに結婚して、さらに子どもにも恵まれました。きっと変な愚かな結婚なのでしょうが、僕自身は反省しても、後悔はしていない。

三浦　お子さんも多いですよね。私の親も5人産んでますけど、子どもを5人も産んでこれだけ大喧嘩するというのが理解できないです。そんなに不満があるのに、子どもは産むのって女性に対して逆に思うわけですよね。見ようによっちゃ、仲はいいと思うんですよ。

富岡　確かに大都市では珍しいかもしれません。

三浦　それが夫を無視するような毎日で、どこでどう行き違っているのかは、奥様にお

会いしてみないと分からないけれど、仮説の一つとして、男性は「ノー」って言われること含みで行動してるから相手をきちんと見ていないっていうのがある。先ほどのプロポーズの話も、私はそんなロマンチックなプロポーズ受けたことないからすごいなと思うんですけど、口説き落として猛アタックでっていう過程には、その前になんらかつれない返事やデートのキャンセルや、そういうものがあったかもしれないでしょ。

富岡　ありましたね。

三浦　男性ってノーと言われること含みでチャレンジを繰り返し、妻を獲得している人が多いですね。女性を理解できない原因の7割ぐらいがそれ。男性は結果的にオーライだったからオーライっていう風に思う。でも、その時々の女性の感情っていうのはまた別なんですよね。その感情は永遠に知られないままに終わるわけです。

アタックしてくるオスに対して、女性は選ぶ立場にある一方、選んでしまったら何もできなくなる。例えば家事ができなかろうが何だろうが、この人を支えていくしかなくなる。でも、そもそも自分がアタックしたわけではない場合は、主体性のある行為や選択じゃないのよ。来られたものを一生懸命なぎ倒した中で、最後に残ってたというか。だから、自分の運命は自分自身では変えられないと女性が思っていて、数々の不満や愚痴をため込んでいることに、男性は気づかない。なぜならば、アタックっていうのは打率が2割もあればいいほうで、残りの8割の失敗の分析をするより、数打ちゃ当たるから。つまり、自分の意思を反対意見にもかかわらず通すっていうのが、男性の特質なんですよね。それが立派な成功体験になってしまう。

富岡　そう言われれば、成功体験しか記憶に残っていないないですね。

三浦　そこが私の、男性に嫌な感情を持つ時の理由なんですよね。うちの夫に関していえば、嫌だったことが一番少ない相手と運よく結婚したとも言えるかもしれない。でも富岡さんの話を聞いていると、嫌なことをずっと我慢してきて、何かのきっかけである時大きな事故を起こした妻に対して「俺が背負った」とかって言われると「おい」って思うんですよ。自分は暴力を振るってない、家計をちゃんと支えて、何ならそれにプラスアルファで入れている。自分は将来を心配して子どもの学費まで考えている。なのにっていう主張の裏側に、たくさんのものがこぼれてるような気がして。

富岡　それはおっしゃる通りで、本当に。ボコボコこぼしてて、目をつぶって自分の見えるところだけ見て、自分の描きたいストーリーや文脈で物事を見てきたな、と。この数カ月、いろいろな専門家へ取材して、皆さん優しいからあまり突っ込んできませんでしたが、気づくところはいっぱいありました。
三浦　ジャーナリストという職業自体が、仮説で突っ込んでいく職業ですよね。
富岡　それはありますね。
三浦　学者も同じで仮説検証型、仮説持たないと検証もできないじゃないですか。それは確かにそうなんですけど、ただ男女関係って自分があらかじめ知り得る領域が狭いので、仮説でまず突っ走っちゃった時の被害っていうのが、自分にとっても大きいわけですよね。全然違うストーリーが奥さんから出てくるんだろうなっていう感じが、すごいあるわけですよ。
富岡　それはそうですね。
三浦　相当違うストーリーが提示されるんだろうなって思います。どうして夫を人間として認めないのか、たぶん妻は夫を虐待する効果的な形を学んでしまったんですね。この人は何を言っても自分は論破できない。どうせ私の意見などなかったかのごとく、当初の仮説に従ってやるんだろう。だけど、私はそんな相手を承認してないからねっていうことだと思うんですよ。一つ嫌になると、生物的に同じ空気を吸いたくなくなるところがあって、それが虐待に結び付いてくるんですよね。

富岡　虐待ですか。

三浦　女性の残酷さは男性に勝るとも劣らないですよ。男性はだいたい相手の積極的な否定から入って、身なりや冷蔵庫の中身や、物の整理とかをいちいちチェックして物言いを付けたり、お金を入れなかったりするっていういじめが多いんですけど、女性は男性を事細かに叱る代わりに、無視をしたり食事を作ってあげなかったり、何なら男性の誕生日とかに実家から送られてきた牛肉とかカニとかを、子どもと自分だけで食べちゃったりっていうような、そういう疎外の仕方をするんですよね。男性はあまりこういうタイプのいじめをしない。もっと攻撃的です。いじめはやめたほうがいいですけど、夫婦の間のいじめっていうのは、児童とは違って、もうちょっと対等なところから生じてるというか、一対一なんで、自分の側の原因を探らずに解決するってわけにはいかないんですよね。ひどいＤＶなどは別ですけど。

富岡　それは分かります。

まずは妻の意見をていねいに聞く

三浦　「僕は家事もやっています、何なら子ども思いです。忙しいかもしれないけど……」っていうのだと永遠に解にたどり着けないんじゃないですか。自分の考えへの固執、柔軟さの不足、およびコミュニケーション不足。まずは彼女の意見をちゃんと聞く。それがまごまごしてたり、ふらふらしたりしていても、別にプレゼンでもインタビュー取材でもないんだから、すらすら出てこないのも含めてちゃんと聞く。なおかつ、そうじゃないな、無理筋だなと思っても、その場ですぐに否定するんじゃなくて一呼吸おいて翌日だったり、全部否定するんじゃなくて意見の1、2割は取り入れたりすると変わるんじゃないかなと思います。

富岡　最近の論点でいうと、娘の習い事がありました。チアダンスのチームで全国大会を目指すという。僕は小学生で全国大会に出るとか、一つのことだけを集中してやらせる考え方自体があんまり好きじゃなくて、妻と衝突しました。これまでの僕だったら突っぱね続けた気がするのですが、すったもんだの挙句、何とか妻との一致点を見つけられました。ほんの少しかもしれませんが、僕も進歩した。

三浦　正直、富岡さんの前が分からないから、進歩なのか分かりませんが、どうして小学生の時に全国大会みたいなものに打ち込ませるのが好きじゃないと思ったんですか。

富岡　低学年なので、ダンス以外にも水泳をやったり、夏休みはサマーキャンプに行くとかを続けたほうがいいなと。他のことを犠牲にする要素が多いと感じて。
三浦　奥さんは、何でそれをやらしてあげたいと。
富岡　妻は、子どもがやりたいと思ってることは、可能なことであれば何でも背中を後押しして、やらせてあげたほうがいいとの意見です。
三浦　でも、それ、どっちが優れてるっていう話じゃないですよね。
富岡　その通りで、考え方の違いです。折り合いを付けるってことですよね。

相手の裁量を切り出す

三浦　例えば「裁量を切り出す」っていう方法があると思いますよ。奥さんの言動を聞いていると、子ども関連には口を出されたくないという気持ちが強そうなのでそれが領域になるのでは。うちの場合は、基本的に夫が「何これ、やめろ」って言うことはないんです。うちはピアノとお絵かきと水泳と英語とバイオリンをやっていて、ピアノは週２、これも娘自身が決めたペースです。バイオリンも別にやれなんて言ってなくて本人が一番にやりたいって言ったんです。水泳と英語は親が勧めましたが、それも体力がついたらやめていいよ、25メートル泳げるようになったらやめていいよって互いに譲り合ってる。親が一枚岩じゃないっていうのが私にとってはある意味新鮮で、親が教育方針を巡って、正直どっちでもいいことで対立してることにちょっとびっくりしますね。むしろ子どもが言ってることに対して、それは現実的なのとか、それは高くてうちには払えないよとか、もうちょっと安い教室ないのとか、そういう折衝があるべきなんじゃないかな。

富岡　対子どもの折衝はもちろんしますが、その前の段階で、妻と方針がずれていることが、いちいちありますね。

三浦　妻の側が、子どもの意見を聞いてくれない頑固なマイクロマネジメント気質の夫に対する「子どもの代理人」になっちゃってるんで、それがよくないんですね。いっそ子どもの習い事に関しては「僕は一切口も手も出しません」とするほうが、ある種、奥様の福祉に資すると思います。聞いてると、富岡さん、結構マイクロマネジメントよ。

富岡　それは認めてます。ものすごくマイクロマネジメント。

三浦　ものすごいと思います。娘の同級生に獣医さんになりたいって言ってる子がいて、その子は今、ひたすらヒップホップやってるんですよ。普通、夢中になれることがあってよかったねっていう感じになりますよね。

富岡　僕は口うるさいし、リサーチもするし、お金も細かいから、妻はストレスはたまると思います。でも、独身時代はそういうこと出さないじゃないですか。給料3カ月分の指輪どんと買ってあげたりしたんで、そのギャップですかね。

三浦　お互い夫婦の間で、いくら自分が持ち出した、どのぐらいの勘定を持ち出したっていうのを計算してる感じがよくない。領域の話ですが、例えば予算を最初に決めて、奥様に旅行計画を全部作ってもらうとかどうでしょう。次の旅行はバジェット5万、あとは好き勝手にやっていいよ、とか。うちも父が予算はコントロールしていたんですけど、計画を立てるのは楽しかったな。ただ、ダメ出しも多くて（笑）。

富岡　うちも、近年までは、三浦さんのご実家のように家父長制でした。

三浦　アハハ、それを言うなら、「最近」ですよね。

富岡　あっ。言語までおかしくなってきた。

三浦　家父長制を変えていくためには、相手の裁量に委ねることですかね。かなり傲慢な言い方になりますが、まだ金銭感覚が育っていないなら、育つまで少しずつ裁量を切り出してやっていくしかないんですよね。

富岡　あとはコミュニケーションを取っていくことに尽きますかね。

三浦　コミュニケーションは話を聞くところからですよ。男性は、コミュニケーションというのは自分の話を聞いてもらうことだと思っていて、自分の職場のつまらない話をしようとしたり、「きょうは天気がいいね」とかいきなり自分の気分に相手を引きずり込もうとするんですけど。下手なコミュニケーションなら頑張らないほうがいい。

富岡　まず聞くという、傾聴というところですね。

三浦　自分の成功体験ではなく、相手の今に興味を持てればいいですよね。

三浦瑠麗（みうら・るり）
国際政治学者、株式会社山猫総合研究所代表。国際政治理論と比較政治が専門。東京大学大学院法学政治学研究科総合法政専攻博士課程修了、博士（法学）。東京大学大学院公共政策大学院専門修士課程修了、東京大学農学部卒業。『21世紀の戦争と平和』（新潮社）、『シビリアンの戦争』（岩波書店）など著作多数。近著に、『日本の分断』（文春新書）、『不倫と正義』（中野信子氏との共著、新潮新書）。

おわりに

この書籍を手にしている読者の一定数は、刺激的なタイトルから興味を持って頂いたに違いない。原稿が書きあがるまで決まらない場合もあると聞くが、『妻が怖くて仕方ない』は、早い段階で固まった。せっかくの初の著書。最後まで悩むのも一興だが、完全にハマったことから、変える必要がなかった。

妻が怖い、妻を恐れている夫は、俗に「恐妻家」と呼ばれる。僕は妻とバチバチ喧嘩をしており、一方的に尻に敷かれてはいない。しかし、妻の暴力で救急車送りとなった直後は、さすがに彼女にビビっていた。「恐妻家」になっていた時期もあった。

住宅購入情報などを手掛けるオウチーノは２０１３年、20～59歳の既婚男女１１０５人にネット調査を実施。「あなたは恐妻家ですか？」と尋ねている。男性13％が「恐妻家だと思う」と回答し、年代別では僕と同じ40代では16・4％となった。

あなたが直接、知っている既婚男性のうち、何人に恐妻家イメージがあるだろうか。そんなに多くないはずだ。少なくとも僕の友人、知人では、大学時代のサークルの先輩ひとりしか浮かばない。彼は同窓飲みに来るたびに参加者との写真を撮影し、妻に送っていた。やましいことをしていない証拠を提出して、安心させるためだと聞いた。

まだまだ、男性に強さが求められる日本では、芸能人でもなければ恐妻家キャラは成り立ちにくい。そのため「隠れ恐妻家」が多そうだ。「実は俺もそのひとり」という男性が、この文章を読んでいることもあろう。

先の調査には、「恐妻家エピソード」もある。3つほど引用しよう。

・電車で寝てしまい、高尾で終電をなくした妻から電話があり、迎えに来ないと今後飯を作らないと言われ、仕方なしに千葉から2時間かけて迎えに行った(29歳)。

・職場で妻のことを「赤鬼」と言っているが、実際に会ったことがある人は、「確かに鬼嫁だ」と納得する(39歳)。

・子供と2人で妻の顔色をうかがって生きている(39歳)。

お三方はアンケート後のこの9年で、脱恐妻家を果たせただろうか。妻の顔色をうかがい続け、精神的に病んでいないだろうか。知る由もないが、ご縁があって本書を手にし、気持ちが楽になるような巡り合わせとなったら、この上なく嬉しい。

しかし、今は恐妻家としてビクビク生きている夫たちも、妻と甘い言葉をささやきあった時間があったはず。夫の至らなさか、妻の至らなさか。100%、片方が悪いということはなかろう。我が家と同じく、少しずつずれた結果、いびつな関係になってしまったに違いない。

そもそも、結婚の土台となる「愛」は取り扱いが難しい。20世紀前半に活躍したオーストリアの詩人リルケは、こう語っている。

「誰かを愛すること。これは私たちに科せられた最も困難な試練です」

2011年に開いた僕の結婚式で配られた「嫁入新聞」で、友人はこの名言をコラムに引用している。まるで、僕の波乱万丈となった結婚生活を見通していたかのよう。この11年間、苦労している分、実年齢の積み上げ以上に白髪が増えた。


本稿を終わらせるにあたって、補足したいことがある。前章で三浦さんが出した、「全然違うストーリーが奥さんから出てくるんだろう」という指摘についてだ。対談でも「そうですね」と認めたが、これまで提示してきた富岡夫婦の話はあくまで僕目線で描いている。救急車事件や借金発覚時のやりとりなどは、当時の状況を忠実に再現するように努めた。支えとなる日記や記録もある。

それでも、妻からすると異なる景色となることは認めざるを得ない。まして結婚生活丸ごとの物語となれば、全くの別物に違いない。彼女が自分で執筆するのは難しそうだ。知人のライターに依頼して、インタビューをしてもらったら、どんなストーリーが出てきたろう。

僕の体験だけを記した一方的な内容では、書籍にする意味は薄い。刊行を意識し始めた昨秋以降に相談した文芸やサイト編集者からも、同じ意見をもらった。熟慮の末、専門家取材と対談を盛り込むことにした。

一連の取材、執筆の過程では、でき得る限り真摯に今の結婚像、夫婦像に迫ったつもりだ。その結果、僕は妻の言い分を、これまでと違った角度から多少は理解できるようになっている。つい最近勃発した夫婦喧嘩も、その日のうちに落着させることができた。特に第4章〜第7章で4人の専門家からアドバイスをもらい、第8章で三浦さんから気づきを得たことが大きい。そして、これらの内容は、読者にも役立つと信じる。

それでも、いきなり順風満帆とはならないだろう。その時は、読者の皆様と連帯したい。書籍の感想を寄せてもらうのもよし。また、夫婦関係の困りごとを取材させてもらえれば、なおよしだ。ジャーナリストとして今後とも、夫婦問題はテーマにしていく。取材で話してもらえれば、お互い「悩んでいるのは自分だけじゃない」となれるだろう。孤独ほど、しんどいものはない。取材成果がまとまってきたら、ネット記事や書籍として発信するつもりだ。

そろそろ、紙幅ギリギリとなったので、終わりとしたい。

本書はポプラ社編集者の浅井四葉さんの、ご尽力がなかったら世に出なかった。専門家取材や対談を入れる構成も含めて、多くのアイデアを頂いた。プロの仕事ぶりに大いに助けられもした。1通の手紙から生まれたご縁に心から感謝したい。

取材でお世話になった皆様にも、改めて御礼を申し上げる。

そして、何より、ここまでお付き合い頂いた読者の皆様に、次の言葉を捧げたい。

ありがとうございました。これからも、よろしくお願いします。

2022年7月31日

富岡悠希

本書は書き下ろしです。内容は2022年7月現在のものです。

カバーイラスト　小迎裕美子
カバーデザイン　FROG KING STUDIO
本文写真（第8章）　筒井聖子
本文DTP、図版作成　高羽正江

富岡悠希《とみおか・ゆうき》

ジャーナリスト、ライター。1970年代、関東生まれのポスト団塊ジュニア。大学卒業後、就職氷河期時代に某報道機関に入社。記者として社会、経済、国際分野などを約20年多方面に取材する。その後、ネットメディアに執筆の主舞台を移し、雑誌のライター業も。夫婦や家族のほか、貧困、ネットの誹謗中傷問題などにも関心を寄せている。「一筆入魂」をモットーとして、目線の低い取材を心がけている。

ポプラ新書
228

妻が怖くて仕方ない
DV、借金、教育方針、現代夫婦の沼に迫る

2022年9月5日 第1刷発行

著者
富岡悠希

発行者
千葉 均

編集
浅井四葉

発行所
株式会社 ポプラ社
〒102-8519 東京都千代田区麹町 4-2-6
一般書ホームページ www.webasta.jp

ブックデザイン
鈴木成一デザイン室

印刷・製本
図書印刷株式会社

N.D.C.367/206P/18cm/ISBN978-4-591-17488-3

P8201228

生きるとは共に未来を語ること　共に希望を語ること

昭和二十二年、ポプラ社は、戦後の荒廃した東京の焼け跡を目のあたりにし、次の世代の日本を創るべき子どもたちが、ポプラ(白楊)の樹のように、まっすぐにすくすくと成長することを願って、児童図書専門出版社として創業いたしました。

創業以来、すでに六十六年の歳月が経ち、何人たりとも予測できない不透明な世界が出現してしまいました。

この未曾有の混迷と閉塞感におおいつくされた日本の現状を鑑みるにつけ、私どもは出版人としていかなる国家像、いかなる日本人像、そしてグローバル化しボーダレス化した世界的状況の裡で、いかなる人類像を創造しなければならないかという、大命題に応えるべく、強靭な志をもち、共に未来を語り共に希望を語りあえる状況を創ることこそ、私どもに課せられた最大の使命だと考えます。

ポプラ社は創業の原点にもどり、人々がすこやかにすくすくと、生きる喜びを感じられる世界を実現させることに希いと祈りをこめて、ここにポプラ新書を創刊するものです。

未来への挑戦!

平成二十五年　九月吉日　　株式会社ポプラ社